JAPAN
in Berlin

*Für alle Liebhaber
japanischer Küche und Kultur*

Axel Schwab

JAPAN
in Berlin

Sushi, Suppen
und Shopping

Berlin

2025

Bibliografische Information der Deutschen Nationalbibliothek:
Die Deutsche Nationalbibliothek verzeichnet diese Publikation
in der Deutschen Nationalbibliografie; detaillierte bibliografische
Daten sind im Internet über *http://dnb.dnb.de* abrufbar.

Die automatisierte Analyse des Werkes, um daraus Informationen
insbesondere über Muster, Trends und Korrelationen gemäß §44b
UrhG („Text und Data Mining") zu gewinnen, ist untersagt.

Einband, Illustrationen, Texte und Layout: **Axel Schwab**

7. Auflage, 2025

Verlag: BoD · Books on Demand GmbH, Überseering 33,
22297 Hamburg, bod@bod.de
Druck: Libri Plureos GmbH, Friedensallee 273, 22763 Hamburg

ISBN: 978-3-8192-7997-3

Inhaltsverzeichnis

Vorwort

2015 veröffentlichte ich erstmals diesen Reiseführer, der es ermöglicht, einen Kurzurlaub in Japan zu verbringen, ohne die Strapazen eines langen Flugs auf sich zu nehmen. Genießen Sie in Deutschland die Gastfreundschaft »Omotenashi«, indem Sie ein japanisches Restaurant oder Geschäft besuchen. Von den über 100 Lokalen in Berlin haben nur 45 meine hohen Ansprüche an Qualität und Authentizität erfüllt, um in dieses Buch aufgenommen zu werden. Es freut mich sehr, dass 10 Jahre später immer noch 15 Restaurants der Erstauflage existieren. Ich habe jedes Restaurant getestet und beschreibe im Buch meine Eindrücke und Empfehlungen zu den angebotenen Speisen. Um Ihnen die Auswahl zu erleichtern, wurde jedes Lokal in eine der Kategorien Restaurants, Japan Cuisine, Sushi-Restaurants, Teishoku, Izakaya, Nudelsuppen, Imbiss & Take-away und Kaffee, Tee & Kuchen eingeteilt. Für jede dieser Kategorien gibt es außerdem eine Top-Empfehlung (★★★), falls Sie nur das Beste wollen. Zusätzlich beschreibe ich ausführlich viele Fachgeschäfte mit Japanbezug, denn was deren Vielfalt und Auswahl angeht, ist Berlin unter den deutschen Städten ein wahres Juwel.

Axel Schwab, Juni 2025

Restaurants

»Die ganze Bandbreite japanischer Küche«

In die Klasse der Restaurants schaffen es nur ganz wenige. Denn diese müssen, um hier aufgenommen zu werden, die ganze Bandbreite japanischer Küche auf hohem und authentischem Niveau beherrschen. Hierzu zählen Sushi, Suppen und ein reichhaltiges Angebot an Vorspeisen sowie an Hauptgerichten aus Fisch und Fleisch.

Allerbestes Kaiseki-Erlebnis

Bereits 2015 eröffnete **Kenta Kuma** aus Kyoto mit seiner Frau das Kaiseki-Restaurant auf der Altstadtinsel Köpenick. Den Altbau hat er als ausgebildeter Designer und Architekt im japanischen Stil eingerichtet. Nur einmal am Abend bekocht er eine begrenzte Anzahl an Personen, die an einem langen Holztisch Platz nehmen, mit einem exzellenten mehrgängigen Kaiseki-Menü. Nach einen vorzüglichen Dashi-Okayu mit Forellenkaviar wird ein Carpaccio vom Wolfsbarsch serviert. Danach folgen verschiedene Appetithäppchen sowie Forelle in Weinblättern und Salzkruste. Nach einer zartrosa Entenbrust schließt das Tagesmenü mit Curryreis ab, dessen schmackhafte Soße er fünf Tage lang gekocht hat. Am Ende werden zwei Dessertgänge serviert: Pflaumenwein-Sorbet sowie eine Crème brûlée vom Hojicha (gerösteter grüner Tee). Nach diesem gelungenen Abend bereue ich nicht, mich auch 2023 auf den weiten Weg zu diesem tollen Ort in Köpenick gemacht zu haben.
Tipp: *»Omakase-Menü«* für 95 €, dazu Sake und Wein.

———

Kietzer Straße 3, 12555 Berlin
Tram62: Schloßplatz Köpenick
Fr–So 18–22 Uhr (Menü startet pünktlich um 19 Uhr)
Reservierung per E-Mail: gastronomie.kumami@hotmail.com
*www.kumamiberlin.com   www.gomap.de/**kum***

Beste Kaiseki-Küche in Zen-Atmosphäre

Seit 2016 verwöhnen **Flora** und **Shiori** jeden Abend bis zu zehn Gäste mit ihrem besonderen mehrgängigen Omakase-Menü. **Shiori Arai** kommt aus Fukui bei Kyoto und ist ein wahrer Meister der Kaiseki-Küche. Seine Partnerin **Flora Choi** sorgt dafür, dass die Gläser nicht lange leer bleiben – die Sake-Auswahl ist sehr gut. Fast wie Meditation wirkt ihr Schaffen, die Philosophie ist an das Prinzip »*Ichi-go Ichi-e*« der Teezeremonie angelehnt. Bei meinem Besuch im Januar genieße ich *Chawanmushi*, Huhn mit *Sansho-Pfeffer*, klare Suppe mit Kabeljau, Garnelen, *Yuba*, *Yuzu* und Gemüse, mariniertes Steinbutt-Sashimi, Sashimi vom Königsdorsch *Hiramasa*, *Sukiyaki* vom argentinischen Rind mit Onsenei. Dann ein Holztablett mit vielen Tapas, es folgen Rettich mit gekochtem Königsdorsch und *Ochazuke mit Lachs und Yuzu*. Zum Dessert Küchlein mit *Yuzu-Sahne* und *Adzuki-bohnen*.
Der Menü-Preis von 150 € wird der hohen Qualität gerecht.
Tipp: **Unbedingt** zwischen 18.30 und 18.45 Uhr kommen!

━━━

Max-Beer-Straße 13, 10119 Berlin
U8: Weinmeisterstraße
Mi–So um 19–22 Uhr (nur mit Reservierung)
Tel.: 030 6446 7442　　　*Reservierung über Website*
www.shioriberlin.com　　*www.gomap.de/shi*

Udagawa ★★★ Steglitz

Allerbestes Tempura

Um in einem der besten japanischen Restaurants in Berlin zu essen, muss man am Abend nach Steglitz hinausfahren. Von außen und innen scheint es mir, als habe **Hideki Abe** sein traditionelles japanisches Gasthaus direkt von Sendai nach Berlin verfrachtet. Seit 1987 wird hier hochwertiger roher und gebratener Fisch, *Sukiyaki, Shabu-Shabu* und vieles mehr zur Begeisterung der ansässigen Japaner und Deutschen serviert. Mit Abstand gibt es hier außerdem das allerbeste Tempura weit und breit. Das frittierte Gemüse und die Garnelen sind mit einer knusprigen Kruste überzogen, wie es nur ganz wenige Könner beherrschen. Wer von der riesigen Menüauswahl erschlagen wird, nimmt das Spezial-Menü und begibt sich auf eine Reise durch die Vielfalt japanischer Kochkunst. Beschwipst reibe ich mir beim Abschied die Augen – ist dies noch Berlin? Alles wirkte so perfekt, dass ich mich fast in Japan wähnte.

Nigiri 4–12 €.

Tipp: »*Tempura Moriawase*« für 43 €.

———

Feuerbachstraße 24, 12163 Berlin
U9: Walther-Schreiber-Platz / S1: Feuerbachstraße
Mi–Mo 18–22.30 Uhr
Tel.: 030 792 2373 oder 0176 269 1042
*www.gomap.de/**udg***

Japan Cuisine

»Schicke Restaurants mit japanischer Küche«

Unter Japan Cuisine werden all die Restaurants geführt, die sich hervorragend zum Ausgehen bei wichtigen Ereignissen mit dem Partner oder der ganzen Familie eignen. Die Küche und das Ambiente müssen dabei ein hohes Niveau haben. Eine reichhaltige Speisenauswahl oder mehrgängige Menüs sollen die Möglichkeit bieten, zwei bis drei Stunden in angenehmer Atmosphäre zu verbringen. Professioneller Service und eine umfangreiche Getränkekarte verstehen sich von selbst.

Vorzügliche Kyushu-Küche

Seit November 2019 verwöhnt das Ehepaar **Nagamine** aus Miyazaki (Kyushu) die Berliner mit hervorragender Küche aus ihrer Heimat. An einem Sonntagmittag nehmen wir am niedrigen großen Tisch Platz. Zum Glück gibt es genügend Raum unterhalb der Tischplatte, was mir den Sitz im klassischen *Seiza* erspart. Zur Auswahl stehen am Mittag verschiedene Teishoku-Gerichte und ich entscheide mich für das »*Special Menü Ichi*«, welches die ganze Bandbreite der Kochkunst von **Shunichi Nagamine** zeigt. Tempura, Sobanudeln, Sashimi, kleine Beilagen, Reis, Tagessuppe und »*Chicken Nanban*« kommen auf einem großen Tablett. Alles schmeckt vorzüglich und die Zutaten sind von hoher Qualität. Zum Nachtisch kommt eine Crème brûlée mit schwarzem Sesam, die ich nach dem üppigen Menü gerade noch schaffe. Bei meinem nächsten Besuch freue ich mich schon, am Abend das exklusive 6-Gänge-Omakase-Menü zu genießen. *Tipp:* Mittags »*Special Menü Ichi*« 32€, am Abend Omakase-Menü 78€.

———

Straßburger Str. 60, 10405 Berlin
U2: Rosa-Luxemburg-Platz
Do–Mo 12–13.30 und 18–19.30 Uhr
Besuch nur mit Reservierung über die Website
www.ichi-berlin.de   www.gomap.de/ich

Vegane Küche auf höchstem Niveau

Als ich 2023 **Oukan Tea** besuchte, fiel mir die rote Tür im Hinterhof auf. Eine Reservierung ist unabdingbar, um zu erfahren, was sich dahinter befindet. Der großzügig japanisch gestaltete Raum beeindruckt mich, als ich Anfang 2025 an der Wand im Yakisugi-Stil Platz nehme. Statt Wein wähle ich eine Teebegleitung und der aufmerksame Service bereitet uns einen unvergesslichen Abend. Schon der Gruß aus der Küche überrascht mit einer exzellenten Dashi-Brühe. Die kalte Vorspeise mit Chicorée bietet eine Geschmacksvielfalt, die ich in der veganen Küche bisher nicht erlebt habe. Details zum zweiten Gang will ich nicht spoilern, es folgen Kürbis mit veganem Kaviar (optional), Maitake und ein gefülltes, frittiertes Shiso-Blatt in einer vorzüglichen Soße sowie der zusätzliche Kushiyaki-Gang. Ein innovatives Oukanomiyaki leitet passend zu den Dessertgängen über. Das Quittensorbet ist nach drei Stunden ein perfekter Abschluss eines außergewöhnlichen Abends. *Tipp:* Das 7-Gänge-Omakase-Menü für 99 € pro Person.

═══

Rote Tür, Hinterhof, Ackerstraße 144, 10115 Berlin
M8, Tram 12: Pappelplatz / U8: Rosenthaler Platz
Mi–Sa 18–23 Uhr
Tel.: 030 5477 4716
www.oukan.de   www.gomap.de/ouk

Tim Raue ★★★ Kreuzberg

Bester Koch der Japan Cuisine in Deutschland

Das Restaurant von **Tim Raue** ist dezent im asiatischen Stil eingerichtet: Ein Zweig mit Blüten aus Origami, Tischdekoration mit japanischen Mustern und chinesische Figuren. Bereits beim Amuse-Bouche in sieben Schälchen lässt sich die Bandbreite seiner Kochkunst erahnen. Als ersten Gang gibt es Spitzkohl mit grünen Sancho-Beeren, dann Ikarimi-Lachs. Für den nächsten Gang habe ich mir bei meinem zweiten Besuch das »*Signatur-Gericht*« *Wasabi Kaisergranat* bestellt, welches man sich auf keinen Fall entgehen lassen sollte. Zum Hauptgang genehmige ich mir ein Glas Sake *Ikekame Turtle Red*. Eine wahre Freude für Gaumen und Augen ist das *Chiu Chow Chili Wagyu Beef* mit Kurkuma und Papaya. Zum Dessert bekomme ich Granny-Smith-Eis mit jungem Koriander, danach ein Quitten- und Passionsfruchtsorbet. **Tim Raue** bekam seine Sterne völlig zu Recht verliehen, denn eine von Asien inspirierte Cuisine beherrscht in Deutschland kaum einer besser als er.
Tipp: Am Mittag das 6-Gänge-Menü für 216 €.

━━━━━━

Rudi-Dutschke-Straße 26, 10969 Berlin
U6: Kochstraße / Checkpoint Charlie
Di–Fr 18–21.30, Sa 12–13.30 und 18.30–21.30 Uhr
Tel.: 030 2593 7930
www.tim-raue.com   *www.gomap.de/**tim***

Sushi-Restaurants

»In der Hauptsache Sushi«

Unter Sushi-Restaurants fallen all diejenigen Restaurants, die in der Hauptsache Sushi anbieten. Darüber hinaus gibt es oft auch noch andere Gerichte auf der Speisekarte. Gerne wähle ich einen Sitzplatz am Tresen, damit ich dem Meister bei der Zubereitung zuschauen kann.

Kommunikativer Sushi-Meister

Das Flying Fish Sushi ist bekannt für hervorragendes vegetarisches Sushi. Bei meinem Besuch entscheide ich mich jedoch für eine Sashimi-Platte, weil mich der Fisch in der Vitrine sehr anspricht. Dazu bestelle ich eine Flasche Kirin-Bier und eine Miso-Suppe mit Weißfischstücken, die vorzüglich schmeckt. Hinter dem Tresen betreibt **Jörg** seit über 20 Jahren sein traditionelles Handwerk, das er von einem japanischen Sushi-Meister gelernt hat. Er achtet sehr auf Details, so hat er zum Beispiel eine original japanische Gurkenraspel im Einsatz. An der Wand hängen zwei kleine Albumen aus Japan, doch viel wichtiger als ein stylisches Interior ist seinen Stammgästen und den Besuchern von nah und fern die kommunikative Herzlichkeit des deutschen Sushi-Meisters. Alle Fischsorten sind frisch und der Aal schmeckt hervorragend. Sushi-Set 11,50–28 €, Nigiri 3 €.

Tipp: Nigiri mit kandiertem Zucker und Zitrone probieren.

———

Eisenacher Straße 67, 10823 Berlin
U7: Eisenacher Straße
Mi–So 17–22 Uhr
Tel.: 030 782 0663
www.flying-fish-sushi.de

Gesunde Ernährung als Philosophie

Die Kombination aus südeuropäischem Temperament und japanischer Perfektion macht die Sushi-Bar & Izakaya von **Gingi** einzigartig. Der Sushi-Meister von den Prinzeninseln bei Istanbul spricht Japanisch, da er fünf Jahre in Japan gelebt hat. Sein hoher Anspruch an die Qualität seiner Zutaten und das Thema gesunde Ernährung liegen ihm sehr am Herzen, ja es ist geradezu Ausdruck seiner Lebensphilosophie. So hält er mir bei meinem Besuch einen engagierten Vortrag zu Omega-3-Fettsäuren und dem Jungbrunnen durch gesunde japanische Ernährung. Die zahlreichen vollen Gästebücher in seinem Restaurant zeugen von der Beliebtheit bei seinen Gästen. Ich freue mich beim nächsten Besuch wieder auf das vorzügliche Sashimi und die hausgemachten vegetarischen Gyoza.

Vorspeisen ab 6 €, Menü für 2 Personen ab 75 €.

Tipp: Auch das Grüntee- und Sesam-Eis probieren.

———

Rykestraße 45, 10405 Berlin
U2: Eberswalder Straße / M2: Marienburger Straße
Di–So 18–23 Uhr
Tel.: 030 4404 9397
www.gingis-izakaya.de

Frisches Sushi zum günstigen Preis

Von den ehemals vier Filialen der Kette Ishin sind noch das Geschäft an der Bundesallee und in der Mittelstraße unter direkter Führung des seit 1997 aktiven Geschäftsführers geblieben. Sushi in guter Qualität und zu günstigen Preisen sind sein Aushängeschild. Es sind nicht nur die Sushi-Plastikmodelle, die einfache Einrichtung und die Freundlichkeit der asiatischen Mitarbeiter, selbst auf Details wie eine Schüssel mit kleinen Bonbons wurde geachtet, wie man sie auch in jedem Kaufhaus-Restaurant in Tokyo finden würde. Bei meinem Besuch im März 2023 in der Bundesallee rufe ich beim Gehen „Gochisousama deshita" in die Küche und erfahre ein Lächeln sowie eine sichtbar erfreute Erwiderung vom japanischen Sushi-Meister. Meistens esse ich das »Take Menü« für 16,50 € (zur Happy Hour nur 12,60 €); die acht Nigiri und sechs Makirollen sind alle frisch und köstlich. Nigiri 3,10–7,90 € (2 St.). *Tipp:* Happy Hour vor 16 Uhr (Mi & Sa ganztägig) günstiger.

———

Mittelstraße 24, 10117 Berlin / U+S: Friedrichstraße
Mo–Sa 11.30–19 Uhr / Tel.: 030 2067 4829
Bundesallee 203, 10717 Berlin / U9: Güntzelstraße
Mo–Sa 12–20.30 Uhr / Tel.: 030 2101 6009
www.ishin.de

Authentisches Sashimi

Das gemütlich mit viel Holz ausgestattete Sushi-Restaurant bietet eine reichhaltige Auswahl an Nigiri, Sashimi und verschiedene Maki-Arten, wobei auch vegetarische Sorten nicht zu kurz kommen. »*Kimchi*« und »*Bibimbab*« auf der Karte verraten die koreanische Herkunft des Sushi-Kochs, doch ging er durch die harte Schule eines bekannten japanischen Sushi-Meisters. Dies merkt man an der hervorragenden Frische des Fischs, und wenn man eine Fischart gerade nicht in der notwendigen Qualität einkaufen kann, wird diese nicht angeboten. Auf meinem Sashimiteller zeugen das vorhandene Shisoblatt, Algen und kunstvoll geschnittene Gurkenscheiben von der hohen Kunst und Detailverliebtheit des Sushi-Kochs **Sunhi Mang**. Mein Favorit ist der in weißem und schwarzem Sesam gewälzte Thunfisch, aber auch Dorade und Wolfsbarsch sind hervorragend. Sushi-Set 11–29 €, Nigiri 2,50–4,50 €. *Tipp:* »*Sashimi Small Mix*«.

———

Kopenhagener Straße 14, 10437 Berlin
U2, S8, S9: Schönhauser Allee
Mi–So 17–23 Uhr
Tel.: 030 2361 9244
*www.gomap.de/**omo***

Beste Kaiten-Sushi-Bar

Ruhig kreisen die hölzernen Boote um den Sushi-Tresen im Sachiko Sushi beim Savignyplatz. 1995 öffnete **Tilman Zorn** sein Restaurant in dem S-Bahn-Gewölbebogen und schuf so – als Vorreiter für viele in Deutschland – das erste Fließbandsushi-Restaurant. Inzwischen trat sein Sohn **Sylvester** in die Fußstapfen des Vaters und setzt durch seine Ausbildung im Hotelfach im Service neue Impulse. Schnell werden mir der bestellte Tee und später die Miso-Suppe gebracht. Meine Wünsche kann ich direkt an den Sushi-Meister geben und prüfe 7 von 23 Nigiri: Hamachi, Unagi, Ika, Maguro, Saba, Escolar und Otoro schmecken alle vorzüglich und frisch. Nachdem ich auch einer vorbeifahrenden Makirolle mit Ebi, angeflammtem Thunfisch und schmackhafter Sauce nicht widerstehen kann, türmen sich 8 Schälchen vor mir. Telefonische Reservierung empfohlen. Zwei Nigiri 5–8 €. Sonntags Sushi-Kochkurs.

Tipp: Das »*Sashimi Moriawase*« ist eine gute Portion.

Jeanne-Mammen-Bogen 584, 10623 Berlin
S5, S7, S75: Savignyplatz / U1: Uhlandstraße
Di–Sa 16–22 Uhr
Tel.: 030 313 2282
www.sachikosushi.com   www.gomap.de/sac

Allerbestes Sushi in Mitte

Drei Japaner schmeißen hier den Laden und verwöhnen ihre Gäste mit japanischen Tapas und Sushi von hoher Qualität, wie es nur wenige Restaurants anbieten. Wir probieren zunächst die Miso-Suppe, das gekochte Gemüse *(Yasai no taitaga)*, frittiertes Hühnchen *(Karaage)* und die japanische Krokette. Alles ist vorzüglich zubereitet und kommt schnell. Den Sashimi-Teller für zwei Personen ordern wir auch gleich, da die Zubereitung natürlich dauert. Alles wird hier frisch und mit besonderer Hingabe gemacht. Das Sashimi überrascht mich und meine Begleitung aus Japan, da man so eine Frische in Deutschland nur selten findet. Neben fettem Thunfisch mundet insbesondere das Fleisch vom Thunfischbäckchen – eine kulinarische Rarität, die ich zuvor nur in Japan genießen konnte. Das einzige Manko des Restaurants ist im Winter die Kälte, die beim Öffnen der Tür von draußen hereinkommt; trotzdem bestellen wir das Sesameis. **_Tipp:_** »Sashimi Moriawase Dai«.

———

Weydingerstraße 22, 10178 Berlin
U2: Rosa-Luxemburg-Platz
Mo–Do 18.30–22, Fr–Sa 18.30–23 Uhr
Tel.: 030 3034 4140
www.3berlin.com   www.gomap.de/san

Sasaya ★★★ Prenzlauer Berg

Bester Sushi-Meister in Berlin

Nach seinen Stationen in den USA und in Düsseldorf können sich die Bewohner des Prenzlauer Bergs glücklich schätzen, diesen japanischen Sushi-Meister in ihrem Viertel zu haben. Im ohne Schnickschnack eingerichteten Restaurant bevorzuge ich den Platz am Tresen, um den Meister bei seiner Kunst zu beobachten. Ich bestelle »*Chirashi*« für 18 €, die Schüssel ist reichhaltig und mit allerfrischestem Fisch bedeckt. Der selbstgemachte Eierstich ist zu meiner Überraschung einer der besten, den man in Deutschland findet. Falls man nach dem Sushi noch Platz für ein Dessert hat, empfehle ich Matcha mit Wagashi: Auf einem Tablett gibt es Matcha-Tee, mit roten Bohnen gefüllter Reiskuchen und eine von süßer Bohnenpaste umgebene Kastanie. Nigiri 1,50–5 €. Im kleinen Laden nebenan wird hochwertiger Sake und vom Sushi-Meister selbst getöpferte Keramik verkauft. *Tipp:* Sparfüchse essen am Mittag »*Bara-Chirashi*«, das ist gewürfelter Fisch auf Sushi-Reis (nur solange Vorrat reicht).

———

Lychener Straße 50, 10437 Berlin
U2: Eberswalder Straße / U2, S8, S9: Schönhauser Allee
Do–Mo 12–14.30 und 18–22 Uhr, Laden nur mittags
Tel.: 030 4471 7721
www.sasaya-berlin.de

Sushi-Restaurants

Teishoku

»Es muss nicht immer Sushi sein …«

Der Schwerpunkt dieser Restaurants liegt nicht auf Sushi, sondern auf gebratenem und frittiertem Gemüse, Fleisch und Fisch. Gegrillte Hühnerspieße *»Yakitori«* sind vielen bekannt und auch weit verbreitet. Ein sehr authentisches Takoyaki-Restaurant und ein Kushiage-Restaurant sind hier auch vertreten.

Bestes Teishoku-Mittagsangebot

Als der Name noch Ishin Tey war, wurde man beim Betreten durch ein lautes »*Irasshaimase!*« begrüßt. Diese Zeiten sind lange vorbei, aber sonst ist glücklicherweise alles wie früher: Gutes authentisches Essen zu akzeptablen Preisen. Das Interior ist modern und am Design japanischer Shoji angelehnt und eine Tasse grüner Tee wird mir sofort an den Tisch gebracht. Der Tee ist im Preis inbegriffen und man darf sich am Heißwasserspender den Teebeutel neu aufgießen. Auf der Mittagskarte bevorzuge ich meistens das »*Buta-Shoga-Yaki-Bento*«, dabei handelt es sich um dünn geschnittene Scheiben Schweinefleisch in einer delikaten Ingwer-Sauce. In der Bento-Box gibt es noch etwas Sashimi, Algensalat, grünen Salat und knackige Pickels. Als Beilage wird mir eine Schale Reis und eine Miso-Suppe serviert. Es gibt natürlich auch Sushi (2 Stück Nigiri 3,50–7,90 €).

Tipp: Mittagsmenü »*Buta-Shoga-Yaki-Bento*« für 14,80 €.

━━━

Hardenbergstraße 19, 10623 Berlin
U, S: Zoologischer Garten
Mo–Sa 12–21 Uhr
Tel.: 030 9559 2127
www.onnoya.de

Wagyu Fleisch und mehr

Das Bistro des renommierten Frankfurter Restaurants befindet sich hinten links im 1. Stock des Anfang 2023 eröffneten Foodcourts **Manifesto Market** im Einkaufszentrum **The Playce** am Potsdamer Platz und ist nur anhand der Adresse für Erstbesucher manchmal schwer zu finden.

Bei meinem ersten Besuch im Februar 2025 bestelle ich am Selbstbediencounter als Starter Minced Wagyu Croquette und die beiden Hauptgerichte Kabuki-Don und Japanese Beef Udon. Die Gerichte werden vom japanischen Küchenpersonal zubereitet und sind sowohl optisch als auch geschmacklich einwandfrei. Bei meinem nächsten Mittagsbesuch werde ich das japanische Omelett und Okonomiyaki probieren. Für ein gehobenes Abendessen kann ein Mehrgänge-Menü mit Wagyu-Steak bestellt werden.

Tipp: Je nachdem ob man Reis oder Nudeln bevorzugt, empfehle ich entweder Donburi oder Udon zu wählen.

Achtung: Keine Barzahlung möglich!

———

Alte Potsdamer Straße 7, 10785 Berlin
U2, S: Potsdamer Platz
Di–So 12–14 und 17–21.30 Uhr
https://kabuki-feinkost.com
*www.gomap.de/**kab***

Teishoku   25

Kushinoya ★★★ Charlottenburg

Bestes Kushiage in Deutschland

Wenn ich in Berlin bin, besuche ich gerne das Kushinoya direkt an der Haltestelle Savignyplatz. Es wurde 2002 als erstes Kushiage-Spezialitätenrestaurant in Europa eröffnet und ich möchte hinzufügen, es ist auch das Beste. Mein Lieblingsplatz ist in der Mitte des langen Tresens, wo man die Spieße im Glaskasten sehen kann, bevor sie der Koch frittiert. Der Japaner serviert jeden Spieß »*kushi*« direkt und sagt auf Deutsch, um was es sich im Einzelnen handelt. Dann dippt man in eine der fünf verschiedenen Saucen und genießt das Essen entweder mit frisch gezapftem japanischem Bier oder einem Glas Sake aus der reichhaltigen Auswahl. Es gibt auch ein Sake-Probierset mit 3 Sorten. Kushiage-Menü ab 45 € (10 Spieße), 2,60 € für mehr Spieße. *Tipp:* Gewöhnlich bestelle ich das »*Omakase Menü*« mit 10 Spießen für 45 € mit Rohkostsalat und Dessert. Falls man danach noch nicht satt ist, bestellt man einfach immer weiter Spieße. Reservierung empfohlen, nur Kartenzahlung!

━━━

Bleibtreustraße 6, 10623 Berlin
S5, S7, S75: Savignyplatz
Di–Sa 18–22 Uhr
Tel.: 030 3180 9897
www.kushinoya.de   *www.gomap.de/kya*

Die besten Takoyaki

Wenige Gehminuten vom Savignyplatz entfernt eröffnete Ende 2016 der Japaner **Soshi Wenk** mit seiner Frau **Sarah** das Momiji. Die Spezialität des Restaurants sind Takoyaki, das sind mit Oktopus gefüllte Teigkugeln. Sie kommen ursprünglich aus Kansai und sind heute in ganz Japan auf keinem Straßenfest mehr wegzudenken. Die Takoyaki sind außen knusprig und innen sehr heiß und noch etwas flüssig, genau wie sie sein müssen. Das Geheimnis seiner Takoyaki aber ist das perfekte Topping mit japanischer Worcestershiresauce, »*Katsuobushi*« und »*Aonori*«. Dass Soshi sie so gut zubereitet, habe ich aber auch nicht anders erwartet, da er ursprünglich aus Hiroshima kommt. Zusätzliche Toppings mit Frühlingszwiebeln »*Negi*« und Mayonnaise stehen zur Auswahl. Neben Takoyaki gibt es Eintopfgerichte, vegane Beilagen und Desserts.

6 Stück Takoyaki für 7 €. Nur Barzahlung.

Tipp: »*Try all Takoyaki*« 9 Stück mit 3 Saucen für 10 €.

———

Bleibtreustraße 52, 10623 Berlin
S5, S7, S75: Savignyplatz
Di–Sa 12–15, Di–Fr 17.30–22, Sa 17–22 Uhr
Tel.: 030 5528 6406
www.mo-mi-ji.com   *www.gomap.de/**mom***

Japanisch Essen in Neukölln

Seit über 30 Jahren wird das authentische kleine Restaurant an der Karl-Marx-Straße von **Mitsuru Watanuki** geführt. Der Sushi-Koch am Tresen ist sein Sohn, er rollt die Makis immer frisch auf Bestellung. Außerdem gibt es eine gute Auswahl an kalten und warmen Vorspeisen, von denen ich bei meinem Besuch den »*Agedashi Tofu*« probiere. Wenn ich ohne Hinweis von Freunden nur zufällig in die Karl-Marx-Straße gekommen wäre, hätte ich in diesem Umfeld sicher nicht ein solches Japan-Restaurant vermutet.

Beim Verlassen vergesse ich an meinem Platz eine große Einkaufstüte und merke dies erst, als ich am U-Bahnhof ankomme. Ich frage mich, wie weit ich es bei einer aufmerksamen japanischen Bedienung geschafft hätte, bis die Einkaufstüte aufgefallen wäre. Nigiri 1,30–2,60 €.

Tipp: Insbesondere für seine köstlichen Yakitori-Spieße ist das Tabibito bekannt, leider gibt es aber nur eine Variante. Am Abend rechtzeitige Reservierung empfohlen.

———

Karl-Marx-Straße 56, 12043 Berlin
U7: Rathaus Neukölln
Mo–So 12–23 Uhr
Tel.: 030 624 1345
*www.tabibito-berlin.de   www.gomap.de/**tab***

Izakaya

»Kneipen im japanischen Stil«

Bei Bier, Sake, Wein, Whisky oder Shochu bestellt man sich in einer Izakaya üblicherweise einzelne Teller mit den unterschiedlichsten Gerichten, die man dann in die Mitte stellt und miteinander teilt. Neben Salat und Gemüse dominiert dabei meistens gebratenes und frittiertes Fleisch oder Fisch. Eine typische und gute japanische Izakaya ist dabei auch zu vorgerückter Stunde immer bis auf den letzten Platz besetzt und es geht gerne mal lauter zu.

Schickimicki an der Kantstraße

893 steht für Yakuza und **Ryōtei** für ein teures Restaurant, dessen Tür sich nur für Stammgäste öffnet, und fast kommt es mir auch so vor, als ich kurz nach 18 Uhr in der Schlange vor der Tür warte. Da wir nicht zu den ersten Gästen gehören, ist schon eine halbe Stunde der reservierten 2 Stunden um, bis die Bestellung aufgenommen wird. Wir ordern quer durch die Karte: *Ika Tempura, Satsuma Imo*, Daniel's Tartare, *Nasu Ponzu* und *Sashimi Moriawase*. Zu Asahi-Bier, Wein und vorzüglichem Sake genießen wir die Happen, welche nacheinander serviert werden. Alles ist vorzüglich, nur das Sashimi enttäuscht uns sehr. Noch bevor wir Sushi, Miso-Suppe und Dessert bestellen können, weist uns die Bedienung freundlich darauf hin, dass unsere Zeit um ist und die nachfolgenden Gäste bereits auf den Tisch warten.

Tipp: Kommen Sie möglichst frühzeitig, um sicher einen der vorderen Plätze in der Schlange zu ergattern.

———

Kantstraße 135, 10625 Berlin
S5, S7, S75: Savignyplatz / U1: Uhlandstraße
Di–Sa 18–23 Uhr
Tel.: 0176 5675 4107
www.893ryotei.de   www.gomap.de/893

Ramen, Karaage und Cocktails

2017 eröffnete am Maybachufer die Izakaya und Bar Life. Im vorderen Bereich sitzt man am Tresen und genießt neben dem Fingerfood zu Cocktails, Sake oder japanischem Whisky auch die gute Soundanlage. Ich gehe zunächst ins Restaurant mit offener Küche und studiere die umfangreiche Karte. Meine Wahl fällt auf Asahi vom Fass und das Ninja-Menü. Ich vertraue der Empfehlung der Bedienung: *Karaage,* Roast Beef und Thunfischtartar als Vorspeise. Da wir zu den ersten Gästen gehören, kommt alles sehr schnell, die Miso-Suppe – angepasst an die deutsche Gewohnheit – gleich am Anfang. Als Hauptgang gibt es gemischte frittierte Spieße, zum Abschluss Lachs-Nigiri und Tekka-Maki. Nach der Pandemie ist die Karte verkleinert und es gibt nur noch **Ramen** und **Karaage** (wer kein Huhn mag bestellt das frittierte Tofu). *__Tipp:__* Nach dem Essen noch Cocktails wie zum Beispiel Yuzu Sour oder Yuzu Highball genießen.

▬▬

Maybachufer 39, 12047 Berlin
M29: Pflügerstraße
Di–Do 17–21.30, Fr–So 12–21.30 Uhr
Tel.: 030 2356 1730
www.gomap.de/__lif__

Izakaya mit Zen-Atmosphäre

In den ehemaligen Räumen des *Matcha Matcha* eröffnete
Atsushi Shimizu aus Kansai diese von außen unscheinbare
Izakaya. Innen ein wahres Kleinod, wo man in angenehmer
Atmosphäre beim abwechslungsreichen Omakase-Menü
die ganze Bandbreite japanischer Küche erfährt. Vom
Hermannplatz her muss man aufpassen, nicht zu früh ins
falsche Restaurant zu laufen. Herr Shimizu arbeitet mit
frischen, saisonalen Produkten. Bei meinem Besuch im
Februar genoss ich nach einer Möhren-Zwiebel-Suppe
Kräuterseitlinge mit *Yuzukosho,* Spinat mit Birne und
Sesam, knusprige Frühlingsrollen mit Jakobsmuscheln und
Sellerie, Ei in Ingwer-Chilliöl, Kartoffelsalat mit *Aonori,*
leckere Fleischklößchen mit Blumenkohl, *Gomoku Gohan*
und eine tolle Schokoladen-Terrine. ***Tipp:*** Neben der
reichhaltigen Auswahl an alkoholischen Getränken eignet
sich beispielsweise die Teevielfalt gut zur Menü-Begleitung.

———

Hasenheide 16, 10967 Berlin
U7, U8: Hermannplatz
Mi–Sa 18.30–1 Uhr
Tel.: 0159 0136 5344
www.shizukuberlin.de   *www.gomap.de/shb*

Ushido BBQ Prenzlauer Berg

Japanisches BBQ am Tisch

2015 eröffnete im Prenzlauer Berg das erste Yakiniku-Restaurant, wo man Fleisch selbst auf einem im Tisch eingelassenen Gasgrill zubereitet. In Japan ist diese Art Grill-Restaurants sehr verbreitet und beliebt. Beim japanischen Personal bestellt man auf Deutsch sein Fleisch, Meeresfrüchte, Gemüse und weitere Beilagen, die man nach dem Grillen mit hausgemachter Soja-Marinade, Zitrone oder Salz und Pfeffer würzt. Dazu passt am besten Asahi-Bier vom Fass oder Sake. Für Gourmets wird Wagyu-Beef angeboten, doch Yakiniku-Einsteigern empfehle ich »*Oyster Blade*« und »*Hanging Tender*« vom US-Angusrind, weil man damit von Anfang an die besten Grillergebnisse erzielt. Neben Gemüse sind Sesamspinat, traditionell zubereiteter Kartoffelsalat und Miso-Suppe meine Lieblingsbeilagen.
13–19 € pro Teller Fleisch und 38–90 € pro Teller Wagyu.
Tipp: »*Oyster Blade*« und »*Hanging Tender*«.

———

Lychener Straße 18, 10437 Berlin
U2: Eberswalder Straße
Mo, Mi, Do 18–22, Fr–Sa 17–23, So 17–22 Uhr
Tel.: 030 5524 2448
*www.ushido-bbq.com   www.gomap.de/**bbq***

Izakaya   33

Watapas ★★★

Japanische Tapas-Bar

Unweit vom Arnswalder Platz eröffnete der Betreiber des Mamecha **Hidetoshi Toya** zusammen mit dem Küchenchef **Michio Minakami** diese gemütliche Izakaya. Über 40 Jahre Erfahrung bringt Minakami-san mit; und so bestelle ich für mich und meine Freunde quer durch die umfangreiche Karte: von der Tageskarte gegrillte Hühnerherzen, frittierte Süßkartoffeln und Sashimi vom Wolfsbarsch, dann Kaisou-Salat, *Wakadori Karaage,* Entenbruststreifen und gegrilltes Schweinefilet in Miso. Besonders erfreuen wir uns an dem Tintenfisch in pikanter Sauce und dem *Tako Karaage.* Bei den kreativen Sushirollen probieren wir die Varianten Gemüsetempura und Aal mit Camembert flambiert. Dazu gibt es Kirin-Bier – aber auch die Auswahl an Sake, Shochu und Cocktails kann sich sehen lassen. Uns gefällt das Tapas-Konzept, denn so kann man viele unterschiedliche Dinge probieren. Am Ende sind wir satt und zahlen für 3 Personen 110 € (nur Barzahlung).
Tipp: Reservierung empfohlen.

———

Bötzowstraße 33, 10407 Berlin
M10: Arnswalder Platz / M4: Hufelandstraße
Di–So 17–22 Uhr
Tel.: 030 8140 4177
*http://www.watapas.jimdo.com   www.gomap.de/**wat***

Nudelsuppen

»Schlürfen ist hier ausdrücklich erlaubt …«

Ganz egal ob Ramen (dünne Eiernudeln), Soba (dünne Buchweizennudeln) oder Udon (dicke Weizennudeln): Die japanische Küche ist sehr reichhaltig an Suppen, die man schlürfend aus großen Schüsseln zu sich nimmt.

Beste hausgemachte Ramen-Nudeln

In der Nacht erhellt eine Leuchtreklame »*Next to Kuchi*« den Eingang zur Suppenküche »*Cocolo Ramen*« in der Gipsstraße. Als ich spät am Abend das Lokal betrete, hat die Küche schon 5 Minuten geschlossen und es kostet mich etwas Überzeugungsarbeit auf Japanisch mit dem Personal. Doch glücklicherweise bekomme ich noch eine Portion des kräftigen »*Tonkotsu-Ramen*«. Auf den hausgemachten Nudeln in einer mit Schweineknochen ausgekochten Brühe schwimmen Noriblatt, Sesam, zwei Hälften gekochtes Ei, süße Schweinebauchscheiben, eingelegter Ingwer und Lauchzwiebeln. Das Interieur ist sehr authentisch, man fühlt sich wie in einer echten Ramen-Küche in Japan und das Personal unterhält sich untereinander auf Japanisch. Es gibt auch Ramen auf Basis von Miso, Shoyu und Shio. Ramen 13,50–15 €. *Tipp:* »*Tonkotsu-Ramen*« für 15 €, Extraportion Nudeln 2,50 €. Nur Bargeld in Mitte.

———

Gipsstraße 3, 10119 Berlin / U8: Weinmeisterstraße
Di–Sa 18–22, So 18–21 Uhr (keine-Reservierung möglich)
Gräfestraße 11, 10967 Berlin / U8: Schönleinstraße
Di–Sa 12–23 Uhr (Küche bis 22.30 Uhr)
Tel.: 030 9833 9073 (X-Berg, keine Reservierung möglich)
www.kuchi.de   www.gomap.de/coc

Takumi NINE ★★★ Prenzlauer Berg/Mitte

Bester Ramen

In den Räumen des Restaurants Hanage eröffnete 2015 eine Filiale der bereits aus Düsseldorf und München bekannten Ramen-Kette. Die hochwertigen Nudeln kommen auch im Takumi NINE immer frisch aus Japan. Ganz egal ob Sie Shoyu-, Shio- oder Miso-Ramen mit unterschiedlichen Beilagen wie Ei, Seetang, Lauchzwiebeln, gebratenem Schweinefleisch usw. wählen, alle Sorten sind hier vorzüglich und schmecken ganz so wie in Japan. Wer eine große Portion möchte, bekommt diese für 3 € Aufpreis. Eine weitere Filiale **Takumi NINE Sapporo** eröffnete 2016 in Mitte. Falls hier die gleiche Qualität wie in den bereits vorhandenen Filialen erreicht wird, dann werden auch dort alle, die authentischen Ramen zu schätzen wissen, zu den Stoßzeiten mit einer Warteschlange rechnen müssen. Nudelsuppen 13–18 €, Gyoza und Takoyaki 5,50 bzw. 6 €. Nur Bargeld. *Tipp:* »*Tori-Miso-Ramen*« für 14 €.

———

Pappelallee 19, 10437 Berlin / U2: Eberswalder Straße
Mo–Fr 12–14.30 und 17.30–21, Sa–So 12–21 Uhr
Chausseestr. 124, 10115 Berlin / U6: Naturkundemuseum
Mo–Fr 11.30–14.30 und 17.30–21, Sa–So 12–21 Uhr
www.takuminineberlin.de
*www.gomap.de/**tku*** *www.gomap.de/**sap***

Weitere Nudelsuppen-Restaurants

Als ich vor elf Jahren mit meinen Recherchen in Berlin begann, gab es nur drei gute Restaurants für Nudelsuppen. Leider haben **Makoto** und **Susuru** inzwischen geschlossen. Die Zahl der Restaurants hat sich inzwischen vervielfacht, sodass man schon fast ein eigenes Buch darüber schreiben könnte. Daher beschränke ich mich auf dieser Seite darauf, weitere empfehlenswerte Orte nur aufzuzählen.

Niko Niko Ramen   **Friedrichshain**
Boxhagenerstrasse 26, 10245 Berlin
*www.gomap.de/**hak***

Shisomen-Vegan Ramen und Cocktail   **Mitte**
Gertrud-Kolmar-Straße 4, 10117 Berlin
www.shisomen.de

Hako Ramen   **Kreuzberg**
www.hakoramenberlin.de   **Prenzlauer Berg**

Morimori Ramen   **Kreuzberg**
Oranienstraße 201, 10999 Berlin
*www.gomap.de/**mor***

Shōdo Udon Lab   **Friedrichshain**
Simon-Dach-Straße 41, 10245 Berlin
www.shodo-udonlab.de

Imbiss und Take-away

»Für den schnellen Hunger«

Egal ob Imbiss, Take-away oder Lieferservice, hier kommt es vor allem darauf an, dass es schnell geht, aber trotzdem lecker, frisch und möglichst preiswert ist.

Restaurant, Teestube und Bar

Am Nachmittag setze ich mich im Cocoro Japanese Kitchen, Teahouse & Sake Bar an den Tresen, wo man den Tee mit Originalutensilien aus Japan zubereitet. Zu meinem Matcha Soy Latte bestelle ich noch einen Aprikosen-Cookie und schaue bei der Zubereitung des Matcha-Tees zu. Das Ambiente ist modern gestaltet, die Fotos an den Wänden wecken sofort Erinnerungen an Japan. Die Kombination aus japanischem Restaurant, Teehaus und Sake-Bar ist in Berlin wirklich einzigartig. Beim zweiten Mal kam ich übrigens am Abend mit Freunden und bestellte zum Essen den günstigen Premium-Sake-Sampler. An Wochentagen gibt es außerdem noch zwischen 12 und 16 Uhr günstig ein wechselndes Mittagsmenü.

Tipp: Wer kein Alkohol trinkt, kann aus verschiedenen hausgemachten Limonaden wählen. Etwas Platz für einen süßen Nachtisch sollte man auf jeden Fall vorhalten.

———

Mehringdamm 64, 10961 Berlin
U6, U7: Mehringdamm
Mo–So 12–22 Uhr
Tel.: 030 8149 4329
www.cocoro-berlin.de

Heno Heno ★★★ Charlottenburg

Bestes und günstiges Gyūdon

Ein kleines Stück Japan-Sehnsucht befällt mich sofort in der neuen Garküche von **Shin Matsui** aus Tokyo. Mit vier weiteren aufmerksamen japanischen Mitarbeitern kocht er sein vorzügliches »*Gyūdon*«, das er interessanterweise als »*Gū-Don*« auf der Karte angibt. »*Gyūdon*« sind dünne gebratene Rindfleischscheiben in einer Sauce mit Zwiebeln auf einer Schale Reis serviert. Eine kleine Portion kostet 8,70 €, mittel 9,80 € und groß 10,80 €. »*Donburi*« (Kurzform »*Don*«) steht übrigens für Gerichte, die auf einer Schale Reis angerichtet werden. Alternativ gibt es auch eine vegetarische Variante mit Gemüse und Ei oder vegan mit Tofu. Außerdem Udon- und Soba-Nudelsuppen, Curry-Reis und Onigiri. Zum Trinken hat Shin verschiedene japanische Tees, Calpico und eine tolle selbstgemachte Ingwerlimonade. Alle Gerichte 8,30–11,90 €.
Tipp: »*Gū-Don*« ab 8,70 €.

———

Wielandstraße 37, 10629 Berlin
S5, S7, S75: Savignyplatz / U1: Uhlandstraße
Mo–Fr 12–22, Sa 13–22 Uhr
Tel.: 030 6630 7370
www.henoheno.de

Kaffee, Tee und Brunch

Am früheren Ort in der Johannisstraße betrat man über eine Wendeltreppe die von **Shaul Margulies** und seiner Frau **Motoko Watanabe** eröffnete Oase direkt beim Friedrichstadt-Palast. Leider musste man inzwischen in die Auguststraße umziehen, doch auch hier genießt man in gemütlich dekorierter Umgebung die Vorzüge des zuvorkommenden Service der japanischen Bediensteten und einer durchgehenden Brunchkarte. Gerichte, wie zum Beispiel japanisches Curry mit Schweinefleisch, aber auch eine vegetarische Variante mit Gemüse, machen satt und schmecken. Beim nächsten Besuch werde ich sicherlich »*Okinawan Taco Rice*« probieren. Auch zum Frühstücken nicht zu verachten sind hausgemachte Croissants und Cookies, guter Kaffee und mein Favorit: heißer und kalter Matcha Latte.

Tipp: »*Soboro Don*« (Hühnerfleisch mit Biorührei) 17,50 €.

━━━━━

Auguststraße 11–13, 10117 Berlin
U6: Oranienburger Tor / S1, S2, S25: Oranienburger Straße
Brunch: Mo–So 9–16.30 Uhr
Dinner: Mo–So 17.30–22 Uhr
www.houseofsmallwonder.de   *www.gomap.de/**hsw***

Japanische Küche und Shopping

Bereits seit 2002 verwöhnt das japanische Ehepaar **Suzuki** aus Osaka in ihrem Restaurant mit Lebensmittelhandlung die Berliner mit günstigen Teishoku-Gerichten, Nudelsuppen und Sushi. Ganz Eilige kaufen eine Bento-Box zum Mitnehmen. Ich entscheide mich bei meinem Besuch für die gebratene Salz-Makrele und nehme das Menü mit gesundem Getreide-Reis und einer Miso-Suppe. Außerdem gibt es auch noch einen Lebensmittelverkauf, wo man sich mit allen für die japanische Küche notwendigen Zutaten eindecken kann. Japaner schätzen die große Auswahl von Reissorten. Wer möchte, kann sich die Waren in Berlin auch zweimal pro Woche nach Hause liefern lassen oder für eine Party vom Cateringservice Sushi oder hausgemachte *Dorayaki* bestellen. Zwei Nigiri 4–6 €. 2016 ist Smart Deli übrigens in die Novalisstraße umgezogen.

Tipp: *Shio Saba*, Getreide-Reis und Miso-Suppe für 21 €.

———

Novalisstraße 2, 10115 Berlin
U6: Oranienburger Tor
Mo–Fr 12–14.30 und 18–20.30, Sa 12–20 Uhr
Tel.: 030 2068 7037
www.smartdeli.org   www.gomap.de/sde

Erstes japanisches Curry-Restaurant

Curry ist in Japan sehr beliebt und als das erste Restaurant eröffnete, welches nur dieses Gericht anbietet, musste ich es gleich besuchen. Dort gibt es eine große Auswahl verschiedener veganer und nicht veganer Soßen, sechs Arten von Reis und viele Toppings – für jeden Geschmack etwas. Ich vertraue der Empfehlung der japanischen Bedienung und bestellte die »Kombination B«, bestehend aus der klassischen milden Currysauce mit Hackfleisch, dazu gelben Reis (Mais und Kurkuma), Käse und als Topping *Karaage*. Die üppige Portion schmeckte mir hervorragend und erfüllte alle meine Erwartungen an japanisches Curry. Obwohl ich eigentlich schon genug habe, lasse ich mir die hausgemachten *Dorayaki* nicht entgehen. Gefüllt sind die täglich frisch gebackenen Pfannkuchen in der klassischen Variante mit selbst hergestellter Adzukibohnenpaste. ***Tipp:*** Ein Hauptgericht nach eigener Vorliebe und *Anko Dorayaki* zum Dessert.

Simon-Dach-Straße 2, 10245 Berlin
U5: Samariterstr. / M10: Grünberger Str. / Warschauer Str.
Di–So 12–21.30 Uhr
Tel.: 030 2005 6976
www.gomap.de/tkn

Onigiri und mehr

Erst 2021 in Dresden gegründet, eröffnete 2023 mitten im Kreuzberger Graefekiez das **Tokyo Gohan Berlin.** Man hat sich hier auf *Onigiri,* die beliebten gefüllten Reisecken aus Japan, spezialisiert. Außerdem werden auch noch Bowls und frittiertes Hühnchen *Karaage* angeboten. An einem Freitagmittag besuche ich das Restaurant im unteren Stockwerk gegenüber den Gebäuden des alten Urban Krankenhauses. Ich bestelle ein Set mit *Nigiri* und *Karaage* sowie eine *Tokyo-Gohan-Bowl.* Nach meiner Bestellung wird alles frisch zubereitet und nach einer Weile serviert. Beide Onigiris (Schweinefleisch mit Kimichi und Champignons mit Sojasauce) sind authentisch und schmackhaft. Die Karaage sind knusprig und gut durchfrittiert und auch die Bowl lässt keine Wünsche offen. Neben dem Cateringservice ist hier Take-out sehr beliebt. *Tipp:* Am besten noch eine Miso-Suppe dazu bestellen.

———

Dieffenbachstraße 68, Berlin
M41: Körtestr.
Mo–Fr 12–21, Sa 12.30–21 Uhr
Tel.: 0176 846 676 23
*https://tokyo-gohan.com   www.gomap.de/**tgb***

Weitere Restaurant-Empfehlungen

Auf dieser letzten Seite der Restaurant-Kapitel veröffentliche meine eigene Short-List für den nächsten Berlinbesuch. Die hier aufgeführten Lokale wurden mir von Freunden empfohlen, aber da ich diese noch nicht selbst besucht habe, kann ich leider (noch) keinen detaillierten Text über sie schreiben. Vorenthalten möchte ich Ihnen jedoch keinen der hier aufgeführten Orte.

EArth Tokyo Berlin   *https://earth-tokyo.de*

Enzo Sushi Bar   *www.enzo-sushibar.de*

Flatto Berlin   *instagram.com/flattoberlin*

Restaurant Yuumi   *www.restaurantyuumi.com*

Sui Sui   *www.suisuisake.de*

Kaffee, Tee und Kuchen

»Süßes auf japanische Art«

Die Kuchenkultur hat Japan ursprünglich aus dem Westen übernommen und weiter perfektioniert. Daher findet man heute wohl den besten Baumkuchen nicht etwa in Berlin, sondern eher in Tokyo. Auf jeden Fall finden Sie im Folgenden alle Cafés mit Speiseangebot, die uns ein wenig an dieser Kultur teilhaben lassen.

Café Komine ★★★ Schöneberg

Japanisch-französische Törtchen

Seit Ende 2016 kreiert **Shin Komine** seine zauberhaften Törtchen in Schöneberg. Der junge Japaner graduierte 2009 als Pâtissier an der angesehen französischen Kochschule *Le Cordon Bleu* in Tokyo. Am besten genießt man die Törtchen direkt im hellen und modern eingerichteten Café und lässt sich bezüglich Getränkeauswahl vom sehr fachkundigen Personal beraten. Kaffeefreunde lieben die Bohnen der *Berliner Kaffeerösterei*, während Teeliebhaber aus verschiedenen Sorten von *Mariage Fréres Paris* wählen. Da ich nicht alle Kuchen probieren kann, kaufe ich immer noch welche zum Mitnehmen. ***Tipp:*** Seine »*Mont Blanc*« sind eine geniale Symbiose aus französischer und japanischer Backkunst. Umhüllt von Maronenpüree dient als Basis eine dünne Schicht Baiser, auf die Cassis-Fruchtcreme und Schlagsahne kommen, weshalb sie so herrlich frisch und leicht schmecken. Das Matcha-Tiramisu ist auch sehr köstlich.

———

Welserstraße 13–15, 10777 Berlin
U4: Viktoria-Luise-Platz / U1–3: Wittenbergplatz
Sa–So 12–18 Uhr
Tel.: 030 2247 7955
www.cafekomine.de   *www.gomap.de/**kom***

crêpestation Prenzlauer Berg

Crêpes auf japanische Art

In der Pappelallee hat der Halbjapaner **Sebastian Klein** mit der crêpestation ein ganz besonderes Café geschaffen. Er bietet eine reichhaltige Auswahl von über 25 verschiedenen Crêpes nach japanischem Vorbild an, wie man sie sonst nur in den von Jugendlichen gut besuchten Cafés um die Bahnhöfe von Tokyo erwartet. Die Auswahl bietet für jeden Geschmack etwas, egal ob man mehr auf Crêpes mit Früchten, Schokolade oder auch etwas Herzhaftes wie Garnelen oder Hühnchen mit Teriyaki-Sauce steht. Die immer frisch nach Bestellung zubereiteten Crêpes isst man übrigens nicht mit Messer und Gabel, sondern gerollt und in Papier eingewickelt wie einen Wrap mit der Hand. Im Schaufenster stehen originale Plastikmodelle aus Japan, und eine Manekineko ziert den Kühlschrank an der Theke. Crêpes 4,50–8,90 €, Kaffee 2–4,90 €, Matcha 4,90 €, Tee 3 €.
Tipp: Fruit Mix (7,90 €), Strawberry Kiwi Custard (7 €).

———

Pappelallee 58, 10437 Berlin
U2, S8, S9: Schönhauser Allee, T 12: Stargarder Straße
Mi–So 12–18 Uhr
Tel.: 030 3644 7105
www.crepestation.de   *www.gomap.de/**crp***

Kaffee, Tee und Kuchen

Japanisches Café und Bäckerei

Zum Glück gibt es in Berlin auch eine japanische Bäckerei, denn Gebäck wie »*Melonpan*«, »*Anpan*«, »*Matcha Korone*« und »*Currypan*« vermisse ich aus Japan. 2016 eröffnet kümmert sich inzwischen **Toshihide Kameda** aus Kyoto mit seinem Team um Café und Küche. Dank seiner Ausbildung und Erfahrung in der Kaiseki-Küche ist sichergestellt, dass aus japanischen und lokalen Zutaten authentische Gerichte entstehen. Beim Besuch probiere ich »*Melonpan*« und kann dem »*Yuzu Cheesecake*« nicht widerstehen. Dazu empfiehlt mir das freundliche und zuvorkommende Personal ein Kännchen »*Hojicha*«. Später kaufe ich mir noch »*Anpan*« und bin begeistert: Es schmeckt hier fast wie in Japan. Wer Süßes nicht mag, kauft sich »*Onigirazu*«, das ist ein Sandwich aus Naturreis mit verschiedenen Füllungen.
Tipp: Zum Mittagessen empfehle ich eine Bento-Box. Später ein »*Melonpan*« zum Kaffee oder Tee.

━━━━━

Leibnizstraße 45, 10629 Berlin
S5, S7, S75: Savignyplatz / U7: Wilmersdorfer Straße
Mo–So 11–18 Uhr
Tel.: 030 8574 3549
www.kame.berlin   *www.gomap.de/kam*

Allerbester Kuchen und Tee

Das Café Mamecha von **Hidetoshi Toya** in der Mulackstraße ist ein japanisches Kleinod in Berlin. Eine große Auswahl an verschiedenen japanischen Teesorten, unter anderem auch Bohnentee »*Mamecha*«, der dem Café seinen Namen gab. Neben vier verschiedenen Teesorten mit Milch gibt es natürlich auch Matcha-Tee, den es in einer schönen Schale zusammen mit kleinen Süßigkeiten gibt. Zum Essen gibt es Kuchen, Kekse, Mochi, Onigiri und ein wöchentlich wechselndes Mittagsgericht. Sehr beliebt sind Matcha-Käsekuchen und Matcha-Chiffon-Cake. Drinnen sitzt man entweder auf Tatami an kleinen Tischchen oder auf normalen Stühlen. Nebenan eröffnete im Herbst 2015 der Laden **»Mamecha no Tonari«**, wo man vor allem Tee, Teezubehör, schönes Geschirr und auch traditionelle japanische Stofftücher »*Tenugui*« kaufen kann. *Tipp:* »*Matcha Cheese Cake*« mit Kaffee, »*Mamecha*« oder »*Sobacha*«.

Mulackstraße 33, 10119 Berlin
U8: Weinmeisterstr. / U2, M2, M8: Rosa-Luxemburg-Platz
Mo–Sa 12–19 (Küche –15), **Laden** *Mo–Sa 12–19 Uhr* 🍵🍴
Tel.: 030 2888 4264
*www.mamecha.com   www.gomap.de/**mam***

Verführerische Kuchen und zwei Katzen

In Laufreichweite des U-Bahnhofs Leinestraße gibt es seit Sommer 2013 dieses nette kleine Café mit den beiden Katzen Pelle und Caruso. Als Vorbild diente der Inhaberin **Andrea Kollmorgen** das Café Neko in Wien, doch kommt dieser Trend ursprünglich aus Asien, und insbesondere in Japan sind heute Katzencafés sehr beliebt und verbreitet. Nicht nur Katzenfreunde, sondern auch Kuchenliebhaber kommen im Pee Pee´s Katzencafé nicht zu kurz und sollten unbedingt ein Stück Käsekuchen versuchen, der je nach Saison mit frischen Früchten bedeckt ist. Außerdem gibt es auch kleine Tagesgerichte, wie zum Beispiel ein großes Katerfrühstück, herzhafte oder süße Katze im Sack (vegan) oder Flammkuchen. Insbesondere am Vormittag sind die Katzen noch munter und neugierig auf Gäste.

Gerichte zwischen 7,50 und 15,50 €. Nur Bargeld.

Tipp: Käsekuchen mit wechselndem Fruchtbelag 5 €.

———

Thomasstraße 53, 12053 Berlin
U8: Leinestraße / S41–42, S45–47 Hermannstraße
Di–Fr 13.30–18, Sa–So 13–18 Uhr
Tel.: 030 6808 6600
*www.peepeeskatzencafe.de   www.gomap.de/**ppk***

Kakigori und Taiyaki

Im Sommer 2018 eröffnete **Masa** als Experiment diesen Ort und bietet erstmalig in Berlin *Kakigori, Anmitsu* und auch *Taiyaki* an. An einem kalten Januartag entschied ich mich für *Taiyaki* und probierte alle drei Füllungen. Die klassische Füllung *Tsubu Anko* schmeckte mir am besten. Dazu bietet die Karte eine Auswahl hochwertiger japanischer Grüntees. Meine Entscheidung fiel auf den Sencha aus Yame und ich bereute meine Wahl nicht. Alle drei servierten Aufgüsse waren reich an Umami und erfrischend zugleich. Wenn ich im Sommer wiederkomme, freue ich mich schon auf das japanische Eis *Kakegori* und die riesige Auswahl an Toppings wie *Shirotama, Tsubo Anko, Kinako, Kuro Goma* und vieles mehr.

Tipp: Bei einer Bestellung von drei Taiyaki erhält man ein viertes umsonst dazu – warum nicht einpacken lassen und jemandem eine Freude machen, falls man vier nicht schafft?

———

Wörther Straße 22, 10405 Berlin
M1, M2: Marienburger Str.
Di–So 12–19 Uhr
Tel.: 0152 6784 314
www.gomap.de/ten

Japanischer Süßwarenladen mit Café

2024 eröffnete **Amiri Wolter** ihr Café in Lichterfelde, nachdem sie zuvor ihre Leckereien in anderen Geschäften verkaufte. Der weite Weg vom Zentrum lohnt sich definitiv, denn ein Café mit täglich frisch hergestellten japanischen *Wagashi,* gibt es aktuell in Deutschland nur einmal. Bei meinem Besuch im Februar 2025 gab es drei verschiedene *Mochi, Anpan, Mitarashi Dango,* Erdbeertorte und japanischen Käsekuchen. Ich entschied mich für den Käsekuchen, ein *Mochi* mit Erdbeere und roten Bohnen und eine Tasse Kaffee; alles war perfekt und schmeckte genauso wie in Japan. Gelegentlich veranstaltet Amiri auch Workshops.

Tipp: Ein Besuch des Cafés lässt sich ganz gut mit einem Ausflug nach Steglitz oder dem Botanischen Garten verbinden. Besser früh kommen, um noch die volle Auswahl zu haben. Bei meinem nächsten Besuch will ich unbedingt die *Dorayaki* und auch ein *Nerikiri* probieren.

———

Gardeschützenweg 90, 12203 Berlin
S1: Botanischer Garten / Bus-Linie 188 vom Rathaus Steglitz
Fr–Mo 12–17 Uhr
Für aktuelle Öffnungszeiten bitte Link checken
*www.gomap.de/**wej***

Shopping

»Einkaufen wie in Japan«

Außer den Japan-Restaurants gibt es auch viele Geschäfte in Berlin, in denen man Bücher, Musik, japanische Lebensmittel, Geschirr, Bonsai, Deko-Artikel, Einrichtungsgegenstände, Designartikel, Kleidung, Schreibwaren, Fanartikel, Origamipapier und hochwertiges Japanpapier kaufen kann.

Heimwerken fast wie in Japan

Als ich den Modulor-Laden am Moritzplatz besuche, erlebe ich ein Déjà-vu und fühle mich fast wie bei HANDS in Tokyo. Bisher hatte ich es nicht für möglich gehalten, dass es außerhalb von Japan ein so gut ausgestattetes Fachgeschäft für Heimwerker und Künstler mit zusätzlichen Servicedienstleistungen wie Zuschnitten geben kann. Viele Artikel sind aus Japan und erfreuen Künstler, Bastler und ambitionierte Hobbyschreiner. Ich finde Japanpapiere wie *Chiyogami, Satogami, Katazome, Kikka-Saiko und Tsumugi.* Natürlich auch gemustertes Origamipapier, Klebebänder aus Reispapier *Washi* und schöne Klappkarten aus *Chiyogami.* Außerdem Büromaterialien wie Stifte, Papierclips und Notizbücher. Werkzeuge wie Spachteln aus Federbandstahl und japanische Sägen, die im Gegensatz zu deutschen Sägen auf Zug arbeiten. ***Tipp:*** Eine Packung mit bedrucktem japanischem Origamipapier gibt es bereits ab 9,90 €.

Prinzenstraße 85, 10969 Berlin
U8: Moritzplatz
Mo–Sa 10–20 Uhr
Tel.: 030 690 360
www.modulor.de   *www.gomap.de/**mod***

Neo Tokyo ★★★ Mitte

Laden für japanische Popkultur

Bei meinem Besuch schaue ich zunächst vergebens in der Schönhauser Allee nach Neo Tokyo, der Eingang befindet sich nämlich um die Ecke in der Torstraße. „Manga Anime J-Music" steht bereits groß am Schaufenster. Nach einem Umbau gibt es jetzt noch mehr Platz für Dinge aus Japan und Korea. In den Regalen fand ich viele Manga, Artbooks, Magazine sowie CDs und DVDs. Im Bereich Musik erfreut die Fans vor allem die große Auswahl an K-Pop-CDs, aber auch J-Pop, J-Rock und Animé-Soundtracks sind vertreten. Es gibt zahlreiche Merchandise-Artikel, Kalender und Stofftiere diverser japanischer Marken, u.a. auch Studio Ghibli sowie japanische Süßigkeiten, Snacks und Getränke. Auch zum Kaufen von Tickets für Anime-Events ist man bei Neo Tokyo an der richtigen Stelle.

Tipp: In den Regalen eine besonders große Auswahl an Figürchen in Blind Boxes, z. B. die Sanrio Characters.

Schönhauser Allee 188 (Eingang Torstraße), 10119 Berlin
U2: Rosa-Luxemburg-Platz
Mo–Fr 11–19, Sa 11–18 Uhr
Tel.: 030 5471 3377
*www.neotokyo.de   www.gomap.de/**neo***

Papier in Mitte

Schon seit 2001 besteht der Schreibwarenladen in der Mulackstraße, den jetzt **Kristina Heinrichs** leitet. Insbesondere fallen mir gleich die hübschen Stiftetuis mit japanischen Mustern, Kugelschreiber und Tintenroller von OHTO und ein Pinselstift aus Japan ins Auge. Mit japanischem Papier bezogene Fotobücher eignen sich perfekt, um nicht nur Erinnerungen aus einem Japanurlaub festzuhalten. Die ganze Wand entlang hängt über Holzstangen die große Auswahl an verschiedenen Japanpapieren: *Chiyogami, Urushi, Washi, Satogami, Kikka-Saiko und Origami-Papier,* außerdem Baumwollbänder und Papierklebebänder aus Japan. Ich verliebe mich sofort in ein hübsches Maßband, welches von *Mikiya Kobayashi* entworfen und in Hokkaido mit hoher handwerklicher Qualität aus Holz gefertigt wurde. ***Tipp:*** OHTO Pieni Kugelschreiber im Holzgehäuse und sehr feiner Kugelschreibermine für 9,80 €.

Mulackstraße 26, 10119 Berlin
U8: Weinmeisterstr. / U2, M2, M8: Rosa-Luxemburg-Platz
Mo–Sa 12–19 Uhr
Tel.: 030 3195 6410
www.rsvp-berlin.de   *www.gomap.de/**rsv***

Chaya ★★★ Schöneberg

Japanladen im Bikini-Haus

Im November 2016 eröffnete der Laden Chaya im Bikini Berlin. Chaya ist japanisch und bedeutet so viel wie Teeladen, hier möchte man den japanischen Lebensstil erlebbar und greifbarer machen. Ein japanischer Designer entwarf die Ladeneinrichtung. Auf hohen Hockern sitzt man mit Blick auf die Gedächtniskirche, während man seinen Tee schlürft. Vom einfachen Sencha über Matcha-Latte mit Bio-Milch bis hin zum Gyokuro wird die ganze Bandbreite japanischer Teekultur angeboten. Als ich das Chaya besuche, findet in der Tatami-Ecke eine Teezeremonie-Vorführung in Zusammenarbeit mit dem Urasenke Teeweg-Verein Berlin statt. Ansonsten können Besucher dort, nachdem sie sich ihrer Schuhe entledigt haben, den Tee an niedrigen Tischchen einnehmen. Ich verlasse den Laden, nachdem ich mir *Genmaicha* und eine Tee-Kanne gekauft habe. ***Tipp:*** Probieren Sie eine Kanne *Hojicha* für 5 €.

Budapester Straße 38–50, 10787 Berlin
U, S: Zoologischer Garten
Mo–Fr 11–19, Sa 10–20 Uhr
Tel.: 030 2639 0839
www.chaya.de *www.gomap.de/chy*

Tea-Tasting in stylischem Ambiente

Paper and Tea verkauft in seinen modern eingerichteten Geschäften nicht nur Tees aus Japan und anderen Ländern, sondern auch das notwendige Zubehör wie Teeschalen und Kannen und Glückwunschkarten aus recyceltem Papier, die in traditionellen Druckverfahren hergestellt werden. Schleckermäuler freuen sich über die Vielfalt an Schokolade mit Teegeschmack. In der Tea-Tasting-Ecke des Concept Store lassen sich u. a. Matcha und verschiedene Latte mit Mandelmilch probieren. Die Tees werden in hübschen Dosen verkauft, die sich auch gut als Geschenk eignen. Bei meinem letzten Tea-Tasting habe ich die neuen Matcha-Sorten probiert. Höhepunkt war der »Ceremonial Matcha«, ein hochwertiger Matcha aus Kagoshima, der sich für die Teezeremonie eignet. In beiden Läden werden verschiedene Tee-Tastings angeboten, die man besser rechtzeitig bucht.
Tipp: Tea-Tasting im Laden 30 €, dann auf den Einkauf 15 %.

Fasanenstraße 22, 10719 Berlin / U1: Uhlandstr.
Mitte: Alte Schönhauser Straße 50, 10119 Berlin
Tel.: 0151 2322 3003 bzw. 0157 9248 9590
Mo–Sa 10–18 Uhr bzw. Mo–Sa 11–19 Uhr (Mitte)
www.paperandtea.de   www.gomap.de/pat

Teefeinkost Tan Schöneberg

Philosophie des Tees

Als ich das Teegeschäft von **Tan Kutay** betrete, spüre ich bereits anhand der Einrichtung mit Tatami-Bereich und dem Arrangement des Tees eine Verbundenheit des Besitzers mit Japan. Hier gibt es ein großes Sortiment an exklusiven Tees aus Japan (circa 30 Sorten), aber auch viele Tees aus anderen asiatischen Ländern. Im Gespräch offenbart sich die geradezu philosophische Verbundenheit mit dem Produkt, hier findet sicherlich jeder Teeliebhaber, was er sucht. Neben der fachkundigen Beratung besteht außerdem die Möglichkeit, ab 3 Personen nach Terminabsprache eine Einführung in die japanische Teezeremonie zu erhalten. Durch seine lange Tätigkeit in der Teezeremonie hat er den Lehrerstatus erworben und vertritt die Ueda-Teeschule aus Hiroshima. Termine zu Teezeremonien mit und ohne Einführung, Teeproben und -verkostungen siehe Website.
Tipp: **Yoru no ka Sencha: Yabukita, Kirishima Miumori**

Crellestraße 7, 10827 Berlin
U7: Kleistpark / S1: Julius-Leber-Brücke
Mi–Fr 12–19, Sa 11–15 Uhr
Tel.: 030 8170 1228
www.tee-feinkost-tan.de

Anime- und Manga-Merchandise

Neben einem Ladengeschäft in Leipzig gibt auch in Berlin Mitte zwischen den beiden U-Bahnhöfen Stadtmitte und Unter den Linden ein Figuya-Geschäft. **Jessica** begann selbst mit dem Sammeln von Anime-Figuren und von ihr kommt auch die Idee für den Namen des Ladens (*»Figu«* japanisch für Figur, die Endung *»ya«* steht in Japan für Laden). Die Figuren bezieht man nur von offiziellen Großhändlern oder direkt aus Japan. Inzwischen gibt es jedoch viel mehr als nur Figuren der bekannten Serien. Bei meinem Besuch fielen mir neben Mangas auch Poster, Puzzles, Sammelkarten, Schlüsselanhänger und Plüschtiere auf. Natürlich dürfen japanische Snacks und Süßigkeiten nicht fehlen. Bei meinem Besuch konnte ich einer Packung Hi-Chew mit Traubenaroma nicht widerstehen.
Tipp: In einem Kühlschrank gibt es Ramune und Eistee in den unterschiedlichsten Geschmacksrichtungen.

Friedrichstraße 172, 10117 Berlin
U2: Stadtmitte / U5/U6: Unter den Linden
Mo–Fr 11–19, Sa 11–20 Uhr
Tel.: 030 5770 11989
www.figuya.com   *www.gomap.de/**fig***

Gute Qualität ohne Marke

Unweit vom S-Bahnhof Hackescher Markt erstreckt sich das Kaufhaus MUJI über zwei Stockwerke. Die japanische Kette mit ihrem reichhaltigen Sortiment an Schreibwaren, Kleidung, Möbeln, Haushaltswaren und Körperpflegeprodukten ist inzwischen bei vielen Menschen in Deutschland beliebt. Das verdankt MUJI dem schlichten Japan-Design und seinen Produkten, die in guter Qualität zu vertretbaren Preisen angeboten werden; manches ist in Japan allerdings noch günstiger. Sehr gerne nutze ich das Aufbewahrungssystem aus Polypropylen. Es wurde zur optimalen Ausnutzung des Platzes in den engen japanischen Wohnungen entwickelt, doch hilft es mir auch bei vielen kleinen Sachen, die Ordnung und den Überblick zu bewahren. **Neu:** Die große Flagshipstore am Ku'damm. *Tipp:* Sehr praktisch für Reisen sind die Tuben und Flaschen aus Polyethylen, in die man Shampoo und Duschgel abfüllt.

Hackescher Markt 1, 10178 Berlin / S: Hackescher Markt
Kurfürstendamm 236, 10719 Berlin / U: Kurfürstendamm
Mo–Sa 10–20 Uhr
Tel.: 030 4005 4291 / 030 8867 7102
www.muji.de

J-Store ★★★ Charlottenburg

Einzigartiger Japan-Fanshop

Der **J-Store Berlin** in der Kantstraße 125 ist ein wahres Paradies für alle Fans der japanischen Popkultur. Dich erwartet eine große Auswahl aus über 5000 deutschen Manga-Titeln. Alle Reihen deutscher Manga-Verlage wie Carlsen, Hayabusa, Tokyopop, Crunchyroll, Altraverse, Egmont uvm. sind hier zu finden. Dazu werden originale Artbooks, Magazine, Süßigkeiten und Trading Cards aus Japan geboten. Wer die Übersicht verliert, wird von Gerald, dem »*Master of Manga*« und seinem enthusiastischen Team beraten. Im **J-Store Annex** besorgt man sich Merchandise an vielen Gachapon Automaten, einem Ufo Catcher oder Vending Machines. Dort findet man eine riesige Auswahl japanischer Blindboxen (Sanrio, Pop Mart und Anime).

Tipp: Besucht auch die regelmäßigen **Pop-Up-Events** rund um das Thema japanische und koreanische Popkultur direkt neben dem J-Store (Infos auf *www.popupclub.berlin*).

Kantstraße 125, 10625 Berlin / Annex: Kantstraße 103
Mo–Sa 12–19 Uhr / Annex: Mo–Sa 13–19 Uhr
U7: Wilmersdorfer Straße / S: Charlottenburg Bhf.
Tel.: 030 3180 1400 / 030 4140 0222
*www.j-store-berlin.de   www.gomap.de/**jsb***

Duftkreationen in Zen-Atmosphäre

Bereits seit 2015 betreiben **Ryoko Hori** und **Daniel Kula** den **RYOKO senses salon** im Reuterkiez. Ihre Passion ist es, Duftkompositionen aus natürlichen Pflanzenessenzen herzustellen. In der stilvoll eingerichteten Boutique, die ich an einem Freitagnachmittag besuche, finde ich u. a. Parfüm, Hautpflege und Räucherwerk rein aus Naturprodukten. Porzellangefäße zur Verwendung als Schilfrohr-Diffusor sowie weitere Gegenstände, die in Zusammenarbeit mit weiteren Künstlern sorgfältig ausgewählt wurden. Mir fällt gleich die Auswahl an japanischen ätherischen Ölen wie *Hiba* und *Shiso* auf. Nach einer ausführlichen Beratung entscheide ich mich für das Room Spray »Awareness« und bereue auch 3 Monate später meine Entscheidung nicht.

Tipp: Ein natürliches Raumspray (ab 39 €), das dank hoher Konzentration ätherischer Öle auch für die Aromatherapie eingesetzt werden kann.

Friedelstraße 11, 12047 Berlin
U7, U8: Hermannplatz
Fr–Sa 13–18 Uhr
Tel.: 0152 3879 4972
www.ryoko-online.com   *www.gomap.de/rss*

Schicke Stadträder aus Tokyo

Während seiner Zeit in London lernte der Architekt **Holger Schwarz** die Japaner der Firma Tokyobike kennen und vermisste zurück in Berlin die schicken Stadträder. Um das zu ändern, eröffnete er 2012 seinen Laden mit Werkstatt versteckt am Kastanienplatz, um von hier aus die deutsche Fangemeinde aufzubauen. Die wesentlichen Eigenschaften des durch Zen inspirierten Designs der Räder sind: Kleine Laufräder für wendiges Fahren in der Stadt, ein wertiger Sattel und ein gewichtsoptimierter Stahlrahmen mit Felgenbremse. Mir fällt die riesige Farbauswahl auf und gerne werden kundenspezifische Anpassungen durchführt, denn wie in Japan ist auch hier der Kunde König. Für Kinder (ab 3 Jahren) gibt es das Modell „Little". Einmal im Monat finden in den Räumen von Tokyobike besondere Events statt, manchmal auch mit Japanbezug.

Tipp: Das tokyobike Classic Sport CS26 für 1050 €.

Wassertorstraße 11, 10969 Berlin
U1: Prinzenstraße / U1,U8: Kottbusser Tor / U8: Moritzplatz
Do–Fr 13–19, Sa 13–17 Uhr und nach Vereinbarung
Tel.: 030 6290 1510
www.tokyobike.de

Japanische Lebensmittel und Feinkost

Katrin Tiede eröffnete im Sommer 2017 das Geschäft für hochwertige japanische Lebensmittel und Feinkost, wenige Gehminuten von der Frankfurter Allee und U-Bahn-Station Samariterstraße entfernt. Das Sortiment umfasst Spezialitäten aus Yuzu, hochwertige Tees von Miyako sowie Bonbons und Spirituosen aus Japan. Einer der Schwerpunkte sind japanische Lebensmittel für das makrobiotische Kochen, hier kann Frau Tiede ihre Kunden kompetent beraten. Nur auf Vorbestellung, insbesondere für Events, kann man sich leckere Bentos machen lassen. Alle die es mögen, freuen sich über das hausgemachte Natto. Im Sortiment gibt es eine gute Auswahl an verschiedenen Sojasaucen, z. B. auch eine unpasteurisierte. Außerdem gibt es viele verschiedene Gewürze. Einige Produkte kann man auch probieren.

Tipp: Unbedingt auch die selbst fermentierten Produkte wie Senfkörner oder Takanazuke-Sorten beachten.

Colbestraße 5, 10247 Berlin
U5: Samariterstraße
Di, Mi, Fr 12–18, Sa 12–16 Uhr
Tel.: 030 5779 1222
www.hanabira.eu   _www.gomap.de/**han**_

HIS Japan Premium Food and Travel

Als während der Pandemie Japanreisen nicht möglich waren, eröffnete unweit vom Café Kame dieses Geschäft, um den Berlinern hochwertige japanische Lebensmittel, Tee, Sake und weitere Produkte näher zu bringen. Bei meinem Besuch hat mich insbesondere die große Auswahl an Sake, Whisky und Shochu beeindruckt. Außerdem viel Süßes und Salziges zum Knabbern, wobei mir die unterschiedlichen Sorten Reiscracker ins Auge fielen. Wer gerne japanisch kocht, findet die notwendigen Zutaten wie Reis aus Japan, Würzmittel und verschiedene Sojasoßen und Misopasten. Sehr gut finde ich die hilfreichen Hinweise an den unterschiedlichen Sorten in den einzelnen Regalen. Außerdem können Sie dort alle meine aktuellen Reiseführer für Japan und Tokio kaufen.

Tipp: Beachten Sie auch die vielen Tiefkühlprodukte (Eiscreme, Fisch, etc.) und besondere regionale Produkte.

Leibnizstraße 59, 10629 Berlin
S5, S7, S75: Savignyplatz / U7: Wilmersdorfer Straße
Di–Sa 11–19 Uhr
Tel.: 030 2097 6787
*www.his-food-travel.com www.gomap.de/**his***

Miso aus dem Weinfass

Der in Tokio geborene Deutschjapaner **Markus Shimizu** begann vor Jahren hobbymäßig mit der Fermentierung. Seine Produkte wie Misopasten, Sojasaucen und Natto fanden im Freundeskreis so guten Anklang, dass sich mehr daraus entwickelte. Seit 2018 produziert und verkauft er diese im eigenen Laden, neuerdings in den **Osram-Höfen** in Wedding. In großen Weinfässern reifen dort Misopasten und Sojasaucen, die er inzwischen deutschlandweit sogar an einige renommierte Sterneköche liefert. Im Ladengeschäft können seine Kunden vier verschiedene Sorten Misopasten und Sojasaucen probieren und auch gleich kaufen. Wer selbst in die Fermentierung von Miso und Sojasaucen einsteigen will, kann Workshops mit Markus buchen, die je nach Bedarf stattfinden. Die zum Selbstansetzen notwendigen Koji-Pilze werden auch angeboten.

Tipp: Genmai oder Shiro Miso im Glas (200g ab 11,90 €).

Oudenarder Straße 16 Haus C7, 13347 Berlin
U9: Nauener Platz / M13: Osram-Höfe
Mo–Fr 10–18 Uhr
Tel.: 030 6164 5430
*www.mimiferments.com   www.gomap.de/**mim***

Japan im Glas und auf dem Teller

Dagmar Maas betreibt ihren Laden direkt an der Potsdamer Straße. Sie lebte viele Jahre in Japan und wurde von Elizabeth Andoh, Botschafterin der japanischen Küche und Kochbuchautorin in traditioneller japanischer Küche ausgebildet. In ihrer Kochschule in Tokio arbeitete Dagmar fünf Jahre, bis sie nach Berlin ging. Da sie außerdem Sake-Sommelier und Sake-Ausbilder für den Wines and Spirits Education Trust (WSET) ist, lag es nahe, ihrem Geschäft diese beiden Schwerpunkte zu geben. Beim Besuch fallen mir hinten links ausgewählte Sake und Shochu auf, die sie direkt von kleinen Brauereien bezieht. Auf der rechten Seite befinden sich Produkte zum Kochen, die sie sorgfältig ausgesucht hat und zu deren Herstellern sie direkte Beziehungen pflegt. Ihre Kenntnisse gibt sie bei Kochkursen, Workshops, Sake-Verkostungen und Events weiter. ***Tipp:*** Beachten Sie die tolle Auswahl an Geschirr und Kochbüchern.

Potsdamer Straße 93, 10785 Berlin
U1, U3: Kurfürstenstraße
Mi–Fr 12–18, Sa 11–16 Uhr
Tel.: 030 5771 4814
*www.nihon-mono.com   www.gomap.de/**nih***

Sake Kontor Berlin ★★★ Friedrichshain

Große Auswahl an Premium-Sake

Als ich das Sake-Fachgeschäft von **Susanne Rost-Aoki** und **Mitsuyoshi Aoki** in Spreenähe betrete, kommt sofort Japanfeeling auf. Es überwiegen Holz, Sake in Flaschen und auch einige Fässer zur Dekoration. Eine japanische Sitzecke und ein großer Tisch laden zum Verweilen ein und sind bei den jeden Monat stattfindenden Sake-Verkostungen immer gut belegt. Frau Rost besucht mit ihrem Mann regelmäßig die Brauereien vor Ort in Japan, um dort den Premium-Sake auszuwählen. Deutschlandweit bekannt sind die beiden nicht nur durch Sake-Tastings, sondern auch durch ihr Buch „SAKE – Das Getränk der Götter", das mit einigen Preisen ausgezeichnet wurde. Neben dem Sake gibt es im Fachgeschäft und Online-Shop auch noch Shochu, Likör, grünen Tee und das zur Zubereitung notwendige Zubehör wie beispielsweise Kännchen aus Shigaraki-Keramik.
Tipp: Mein Favorit ist der Junmai Daiginjo »*Masumi Sanka*«.

Markgrafendamm 34, 10245 Berlin
S: Ostkreuz, Treptower Park
Mi–Sa 12.30–18.30, Do bis 20 Uhr
Tel.: 030 2123 7601
*www.sake-kontor.de   www.gomap.de/**skb***

Bestens sortierter Asia-Markt

In der kleineren Filiale in Tiergarten findet man gleich am Eingang rechts die Zutaten für die japanische Küche. Bei meinem Besuch traf ich dort die freundliche Verkäuferin Rie aus Japan, die mir mit Rat und Tat gerne zur Seite stand. An manchen Tagen ist Rie auch im wesentlich größeren Supermarkt in Steglitz, dort bleiben wirklich keinerlei Wünsche offen: Frisches Gemüse, Fisch in der Tiefkühltheke, viele Tofu-Sorten, Nudeln (Soba, Udon und Ramen), Miso, Sojasauce, Wasabi, Reisessig, Mirin, verschiedene Salatdressings, Teriyaki-Sauce, Furikake, verschiedene getrocknete Algen, Okonomiyaki- und Curry-Saucen, japanische Mayonnaise, Mochi, Fertigsuppen, Süßigkeiten, salzige Snacks und noch vieles mehr.

Tipp: Bei meinem Besuch in Steglitz kaufte ich das leckere Grüntee-Eis gefüllt mit roten Bohnen in der Waffel »*Macha Azuki Monaka*« von Imuraya aus der Tiefkühltruhe.

Ansbacher Straße 16, 10787 Berlin / U1–3: Wittenbergplatz
Filiale in Steglitz: Gutsmuthsstraße 23–24, 12163 Berlin
U9: Walther-Schreiber-Platz / S1: Feuerbachstraße
Mo–Sa 9–19 Uhr   Tel.: 030 235 0900 bzw. 859 3678
www.vinhloi.de   **neu: Müllerstraße 141 in Wedding**

Holzapfel

Kreuzberg / Prenzlauer Berg

Japanmesser und mehr für Profis

Egal ob man Profikoch, Bonsailiebhaber, Friseur, Ikebana-Meisterin oder Schreiner ist oder einfach nur als passionierter Hobbykoch das richtige Messer zur Zubereitung von Sushi benötigt, in den beiden Geschäften von Holzapfel findet man eine große Auswahl hochwertiger Schneidwerkzeuge aus aller Welt. So dürfen dort natürlich handgeschmiedete Küchenmesser aus Japan, japanische Schleifsteine, Bonsaischeren, Japansägen und weitere Werkzeuge aus Japan nicht fehlen. Wahre Kultgegenstände sind die von der alten Kupferschmiede Gyokusendo handgeschmiedeten Wasserkessel, Töpfe, Sakebecher und Teeaufbewahrungsdosen.

Tipp: Service wird großgeschrieben, man kann Messer und Werkzeuge jederzeit zum Schleifen bringen. Mit großem Können geht man zumeist mit japanischen Wassersteinen ans Werk, um stumpfe Klingen wieder zu schärfen.

Bergmannstraße 25, 10961 Berlin / U7: Gneisenaustraße
***Kollwitzstraße 53**, 10405 Berlin / U2: Senefelderplatz*
Tel.: 030 7899 0610 bzw. 030 4405 2004
Mo–Fr 11–19, Sa 11–16 Uhr
www.holzapfel-berlin.de

Japan Bonsai Charlottenburg

Bonsai mitten in Berlin

Eine große Auswahl der unterschiedlichsten kleinen Bäume aus Japan in allen Preisklassen fand ich beim Besuch im Japan Bonsai Berlin direkt neben dem J-Store in der Kantstraße. Die Ladendekoration mit japanischen Einschlägen erweckte sofort die Reiselust in mir. Der Bonsai-Experte **Todd Grand** verkauft in seinem Fachgeschäft hauptsächlich robuste Pflanzen, die aus seiner Sicht auch Anfänger beherrschen können. Dafür gibt es zu den Bäumen eine detaillierte Pflegeanleitung und einen Bonsaipass. Er bietet darüber hinaus seinen Kunden eine Rundumbetreuung auch nach dem Kauf des Bonsais. Für Fragen steht Todd Grand jederzeit zur Verfügung.

Tipp: Dank eines Urlaubpflegeservices (ab 0,70€ pro Tag) kann man ganz unbesorgt auf Reisen gehen und alle 2 Jahre, wenn die Bäume frische Erde benötigen, greift man am besten auf seinen Umtopfservice zurück.

Kantstraße 124b, 10625 Berlin
U7: Wilmersdorfer Straße/ S: Charlottenburg Bhf.
Di–Fr 12–19 Uhr
Tel.: 030 312 1358
www.japanbonsaiberlin.de

Antike Kommoden aus Japan

Im Prenzlauer Berg erweckt **Jörg Reinhard** alte »*Tansu*« zu neuem Leben. In seiner Galerie am Helmholtzplatz stellt er sie aus und verkauft diese neben Möbeln und Kimonos. Der gelernte Kunsthandwerker und Designer kam bei seiner Ausbildung in Amsterdam mit der japanischen Kultur in Berührung und importiert seit nunmehr neun Jahren alte »*Tansu*« selbst aus Japan, um diese dann aufwendig zu restaurieren. Der Preis restaurierter Kommoden liegt zwischen 1500 und 3500 €, was nach Angaben des Japan-Liebhabers gerade mal seine Kosten und die investierte Arbeitszeit abdeckt. Der Name »*Kinoka*« kommt aus Japan, was übersetzt Duft des Holzes heißt, ein sehr treffender Name für seine Ladengalerie Tansu.

Tipp: Inspiriert von der japanischen Möbelkunst gestaltet Jörg Reinhard seine eigene Möbelkollektion aus recyceltem Berliner Antikholz.

Dunckerstraße 7, 10437 Berlin
U2: Eberswalder Straße / U2, S8, S9: Schönhauser Allee
Fr 15–19, Sa 13–18 Uhr, telefonische Anmeldung empfohlen
Tel.: 0160 9222 9460
www.kinoka.de

Uniqlo ★★★ Schöneberg / Mitte /...

Schicke und günstige Mode

Der futuristische Laden von Uniqlo ist mit seiner großen Glasfront direkt an der Ecke von Tauentzienstraße und Nürnberger Straße nicht zu übersehen. Im Schaufenster drehen sich die Schaufensterpuppen fortwährend, genauso modern gab sich Uniqlo auch bei meinem letzten Besuch im Hauptgeschäft auf der Ginza in Tokyo. Auf drei Stockwerken finden Frauen, Männer und auch Kinder in Berlin seit 2014 eine große Auswahl an Bekleidungsartikeln. Schwerpunkte sind dabei unifarbene Oberbekleidung, Jeans, Superlight-Jacken, Hemden und Unterwäsche. Die Alltagsmode im japanischen zeitlosen Design gibt es zum günstigen Preis. Beeindruckend im Innern sind LED-Laufschriften an Treppen und Wänden. Es ist die größte Filiale von Uniqlo in Europa. *Tipp:* Weitere Filialen: **Hackescher Markt** neben MUJI, **Schloßstraße** in Steglitz, am **Alexanderplatz** und in der **East Side Mall.**

Tauentzienstraße 7b/c, 10789 Berlin / U: Wittenbergplatz
Leipziger Platz 16, 10117 Berlin / U2: Potsdamer Platz
Mo–Sa 10–20 Uhr
www.uniqlo.com/de   *www.gomap.de/uni*

Kimonos und Modedesign

Aura Berlin   Kreuzberg

»Kimono Lovers Club« steht auf dem Schaufenster von Aura Berlin, wo man sich auf Vintage Kimonos für Frauen und Männer spezialisiert hat. In allen Preislagen findet man nur handgearbeitete Einzelstücke aus Japan und bietet als Rundumservice auch Reinigung und Änderungen an.

Sanderstraße 13, 12047 Berlin / U8: Schönleinstraße
Mo–Fr 13–20, Sa 12–19 Uhr   Tel.: 0178 148 4444
www.auraberlin.com   www.gomap.de/aur

Studio Ito   Kreuzberg

Yoshiharu Ito kam 1988 von Tokyo nach Berlin und machte sich als Prêt-à-porter-Designer und Kostümbildner einen Namen. In seinem Studio entwirft er grundsätzlich selbst und fertigt nach Maß in eigener Schneiderei. Persönliche Betreuung gepaart mit Perfektion, Qualität und Kreativität.

Eberhard-Roters-Platz 8, 10965 Berlin / U6: Platz Luftbrücke
Termine nach Vereinbarung   Tel.: 0152 287 18012
www.studio-ito.de

Aktuelle Japan-Mode

Firmament   Mitte

Am Eingang riecht es angenehm nach Räucherstäbchen von Kuumba aus Tokyo. Die Hälfte der Mode kommt aus Japan: Wtaps, FPAR, Visvim, Cav Empt, Descente Allterrain. Neben Mützen, T-Shirts und Jacken gibt es Porter-Taschen, retaW-Produkte, G-Shock-Uhren und jap. Modemagazine.

Linienstraße 40, 10119 Berlin / U2: Rosa-Luxemburg-Platz
Mo–Sa 11–18 Uhr   *Tel.: 030 6391 1611*
www.firmamentberlin.com   *www.gomap.de/**fir***

Onitsuka Tiger   Mitte

Neben Läden in London, Paris und Milan darf eine Filiale in Berlin natürlich nicht fehlen. Die hochwertigen Sportschuhe des 1949 in Kobe gegründeten Unternehmens gibt es sowohl als Designklassiker wie das Modell Mexico 66 als auch in neuen, ganz ausgefallenen Gestaltungen.

Alte Schönhauser Str. 20–22, 10119 Berlin / U8: Weinmeister
Mo–Sa 11–19 Uhr   *Tel.: 030 5201 5040*
www.onitsukatiger.com   *www.gomap.de/**ont***

Jeans-Mode aus Japan

Edwin   Mitte

Firmengründer *Shuji Tsunemi* gilt als Schöpfer des hochwertigen Edwin Denim. Im neuen Store in Mitte werden
Kollektionen für Männer und Frauen angeboten: Exklusive
Stoffe, aufwendige Herstellverfahren und Handwaschungen
kombiniert mit authentischen Schnitten und Design.

Rochstraße 18, 10178 Berlin / U8: Weinmeisterstraße
Mo–Fr 11–19 Uhr   *Tel.: 030 2463 6950*
www.edwin-europe.com   *www.gomap.de/**edw***

DC4   Mitte

Japanische Denims von Oni, The Flat Head, Tanuki, Samurai,
Skull Jeans, Full Count und Pure Blue Japan bietet **Daniel
Cizmek** in seinem Laden zum Verkauf. Auf einer Original
Union Special aus der alten Levi´s-Fabrik kürzt er sofort die
gekauften Hosen – das ist Kundenservice wie in Japan.

Anklamer Str. 50, 10115 Berlin / U8, M10: Bernauer Straße
Mo–Sa 12–18 Uhr   *Tel.: 030 5507 3086*
www.dc4.de   *www.gomap.de/**dc4***

Sonstige Firmen mit Sitz in Berlin

Atelier Nuno	*www.atelier-nuno.com*
Chasen:	*www.chasen.de*
Cúze:	*www.studio-cuze.com*
Double Happiness:	*www.japancom.de*
Enishi:	*enishi-japanese-antique.com*
Ginza – Asian Fine Spirits:	*www.ginza-berlin.com*
Honoki:	*www.honoki.de*
Japan Experience Reisebüro	*www.japan-experience.de*
Japanwelt:	*www.japanwelt.de*
matchashop Berlin	*www.matchashop.berlin*
Rotkiefer Verlag	*www.rotkiefer-verlag.de*
Yamashina next chapter:	*tsubakibookstore.com*
Zehensocken:	*www.knitido.de*

Von Japan inspirierte Mode:

Melissa Lee:	*www.mademoiselle-opossum.de*
Elke Pohl:	*www.miyu.asia/miyu*
Dagmar Brockstedt:	*www.korokan.de*
Dagmar Goldmann:	*www.seidesamtundmehr.de*

Museen, Events & Vereine

»Feste feiern wie sie fallen«

Neben dem Japanmarkt Berlin und den Kirschblütenfesten gibt es über das Jahr verteilt Veranstaltungen und regelmäßige Treffen mit Japanbezug. Gärten, Museen, Kunstgalerien, Institutionen, Vereine und Schulen sind hier aufgeführt. Aktuelle Infos finden Sie auf den jeweiligen Websites.

Japanausstellung und Teehaus

Nach Fertigstellung des Berliner Stadtschlosses und des Humboldt Forums befindet sich dort im 3. Obergeschoß das Museum für Asiatische Kunst sowie das Ethnologische Museum. Im westlichen Flügel sind im Raum 318 neben sakraler Kunst aus Ostasien die japanischen Exponate untergebracht. Außer eindrucksvollen Hängerollen mit Darstellungen des Bodhidharma und Natureindrücken werden auch kunsthandwerkliche Gegenstände ausgestellt. Ein wesentlicher Raum wird der Teezeremonie gewidmet, dafür wurde eigens für das Humboldt Forum ein neues Teehaus aufwendig gestaltet. Auch wenn keine Vorführung stattfindet, kann man in einer Ecke japanischen Tee geruchlich erleben. Im Museumshop findet man Produkte aus Japan, doch sind z. B. die Daruma-Figuren leider etwas teuer. *Tipp:* Prüfen Sie auf der Website wann es besondere Veranstaltungen wie zum Beispiel Vorführungen einer Teezeremonie gibt.

Schloßplatz, 10178 Berlin
U5: Museumsinsel
Mi–Mo 10.30–18.30 Uhr
Tel.: 030 2664 24242
www.smb.museum   *www.gomap.de/smb*

Einzige Samurai-Ausstellung Europas

Die umfangreiche Sammlung von Samurai-Artefakten des Bauunternehmers **Peter Janssen** ist weltweit einzigartig. Sie umfasst über 4000 Objekte, darunter circa 40 vollständige Rüstungen, 200 Helme, 160 kunstvoll geschmiedete Schwerter und 150 angsteinflößende Masken. Während der Pandemie musste das Museum in Berlin Dahlem schließen, doch wurde es im Mai 2022 auf 1500 Quadratmetern Fläche im ehemaligen *me Collectors Room* in Berlin Mitte neu eröffnet. Bei meinem Besuch im März 2023 war ich beeindruckt von der neuen und großzügigen Gestaltung. Im Museum wurde eigens ein 200 Jahre altes **Noh-Theater,** ein **Teehaus** sowie ein **Torii** von japanischen Handwerkern aufgebaut. Durch innovative Techniken werden die Exponate multimedial inszeniert und wecken so bei den Besuchern die Begeisterung für die Geschichte der Samurai. **_Tipp:_** Bei einer Führung erfahren Sie noch mehr über Hintergründe und Details; Bücher mit Japanbezug im Shop.

Auguststraße 68, 10117 Berlin
U6: Oranienburger Tor / S1, S2, S25: Oranienburger Straße
Mo–So 10–19 Uhr
Tel. 030 6297 5635
*www.samuraimuseum.de   www.gomap.de/**smu***

Japanmarkt Berlin
Bunter Designmarkt mit japanischem Flair viermal pro Jahr

Japan. Neujahrsfest (Februar)		22.02.26
Kirschblütenfest (Mai)		3.05.26
Japan. Sommerfest (Juli/August)	13.07.25	5.07.26
Japan. Weihnachtsmarkt (Nov.)	30.11.25	6.12.26

Festsaal Kreuzberg, Am Flutgraben 2, 12435 Berlin
www.japanevents.shop

Kirschblütenfest Gärten der Welt   Mitte April
www.gaertenderwelt.de

Japanische Kirschblütenwochen – Hanami in Teltow
Kirschblütenticker ab Mitte April
Höhepunkt und Veranstaltungen Ende April / Anfang Mai
Mauerweg mit TV Asahi Kirschblütenallee
www.hanamifest.org   *www.teltow.de*

Manga & Entertainment Expo (MEX)   24.–26.10.25
Expocenter City, Kleiner Stern, 14055 Berlin
www.mex-berlin.de

Deutsch-Japanischer Stammtisch Berlin Sakura
Jeden zweiten und vierten Montag des Monats ab 18 Uhr.
Café Hardenberg, Hardenbergstr. 10, 10623 Berlin
www.facebook.com/groups/stammtischsakura

Gärten, Museen und Kunst

Japanischer Garten
www.gaertenderwelt.de

Mori-Ōgai-Gedenkstätte
*www.gomap.de/**mori***

Galerie Claudia Delank
www.delank.com

Galerie Murata & Friends
www.murataandfriends.de

Japanische Kalligraphie und Tuschemalerei
www.claudiaspeer.de
www.sosekido.com
www.sumi-e-berlin.de

Shinseido TokyoBerlinArtbox
www.tokyoberlinartbox.com

Mitsune Shamisen
www.mitsune.de

UNDER THE MANGO TREE
www.utmt.net

Institutionen, Vereine und Schulen

Japanische Botschaft
www.de.emb-japan.go.jp

Deutsch-Japanische Gesellschaft Berlin e.V.
www.djg-berlin.de

Japanisch-Deutsches Zentrum Berlin
www.jdzb.de

Japanische Internationale Schule
www.jap-schule-berlin.de

Japan Town Berlin Projekt
www.nion.berlin

Deutsche Gesellschaft für Ostasiatische Kunst e.V.
www.dgok.de

Vereine zum Thema Teeweg
www.teeweg-berlin.de
www.ueda-souko.de

Lasenkan Theater
*www.gomap.de/**las***

Ikebana Studio Hakou
www.berlin-ikebana.de

Schulen für **Kampfkünste** siehe Programm Japanfestival
*www.gomap.de/**jaf***

Nach Stadtteilen

Falls Sie nur das interessiert, was sich in der Nähe oder in einem bestimmten Stadtteil von Berlin befindet, hilft Ihnen die folgende Übersicht aller Restaurants und Geschäfte.

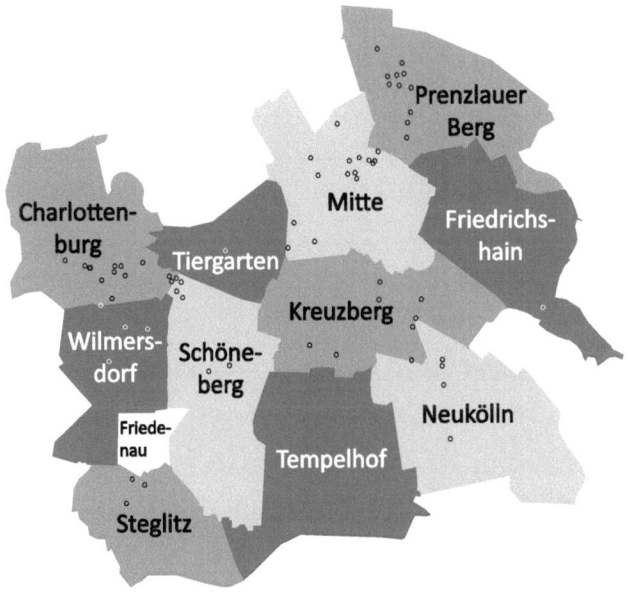

Charlottenburg / Wilmersdorf

Friedrichshain / Kreuzberg

Prenzlauer Berg

Mitte

Nach Stadtteilen

Schöneberg / Tiergarten / Lichterfelde

Köpenick/Neukölln/Steglitz/Wedding

Umgebung Berlin

Einige Veranstaltungen, Gärten und Einkaufsmöglichkeiten in der Berliner Umgebung sind hier aufgeführt:

Manga-Comic-Convention
Jährlicher Event für Manga, Comic, Cosplay und Games immer parallel zur Leipziger Buchmesse
Nächster Termin: 19.–22.3.2026
www.manga-comic-con.de

Teehaus im Japanischen Bonsaigarten
Fercher Straße 61, 14548 Schwielowsee (OT Ferch)
Ende April–Ende Juni: Azaleenblüte
Ende September bis Mitte Oktober: Chrysanthemen-Show
Ende Oktober/Anfang November: Japanisches Laternenfest
www.bonsai-haus.de

Roji Japanische Gärten
Fliederweg 31, 16845 Dreetz (OT Bartschendorf)
www.roji.de
Schaugarten Sa–So nur April–Oktober

Japanische Einrichtungen
Lindenstraße 13, 14467 Potsdam
www.japanzimmer.de

Meine Empfehlungen

Essen mit Stäbchen

1. Stäbchen fest zwischen Daumenwurzel und Ringfinger klemmen, dann 2. Stäbchen wie einen Bleistift nur mit den Spitzen von Daumen und Zeigefinger beweglich halten:

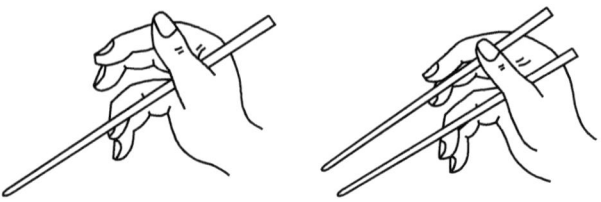

Mit den Fingern das obere Stäbchen steuern und das Essen an der Spitze beider Stäbchen aufnehmen (V-Stellung):

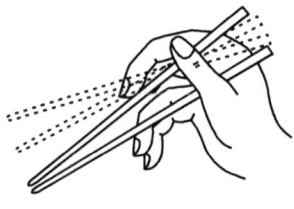

Mit dem Buch »**Sushi Guide**« perfektionieren Sie Ihr Sushi-Wissen und lernen die Vielfalt beim Sushi und die verwendeten Fische kennen. Viele Farbfotos helfen, alle wichtigen Nigiri-Sorten und Maki-Arten zu erkennen. Ein umfangreicher Knigge zeigt korrekte und falsche Verhaltensweisen mit Stäbchen, Sojasauce, Wasabi und Ingwer beim Sushi-Essen. Für nur **14,95 €** über Amazon erhältlich. *www.gomap.de/su*

Infos und GoMap

Nach drei Jahren hat es mich sehr gefreut, dass fast alle Orte der 5. Auflage auch nach der Pandemie noch existieren. Einige zogen um, und die meisten änderten Öffnungszeiten, Speisenangebot sowie Preise. Alle Angaben im Buch wurden sorgfältig recherchiert. Die Bewertungen geben meine subjektive Meinung wieder und basieren auf jahrelanger Erfahrung. In jedem Restaurant können sich durch Veränderungen beim Personal sowohl Verbesserungen als auch Verschlechterungen ergeben. Ich übernehme keine Gewähr für die Aktualität und Korrektheit der abgedruckten Informationen. Nigiri-Preise gelten pro Stück, wenn nicht anders angegeben. Preise und Öffnungszeiten können sich nach Redaktionsschluss (**21.5.2025**) geändert haben, sie sollen generell nur zur Orientierung dienen. Falls mir die Schließzeit der Küche, »Last Order« oder späteste Reservierungszeit bekannt waren, habe ich diese anstatt der Schließzeiten des Restaurants angegeben.

Bei den meisten Einträgen ist ein **GoMap-Link** abgedruckt, über den Sie auf die **Facebook**- oder **Instagram-Seite** des Restaurants, Cafés oder Geschäfts gelangen können. Diese Kurzlinks benutzen Sie noch bequemer, indem Sie die dreistellige Zeichenfolge direkt auf der Startseite von **www.gomap.de** eingeben. Speichern Sie diesen Link am besten gleich in den Browserfavoriten ab.

Beispiele:

*www.gomap.de/**kum***   *www.gomap.de/**his***

Autor und Updates

Fünf Jahre lebte ich in Japan und habe dabei die japanische Küche und Kultur zu schätzen gelernt. Wieder zurück in Deutschland bin ich immer auf der Suche nach gutem und authentischem japanischem Essen. Ich schrieb die Reiseführer »**Labyrinth Tokio**«, »**Tokyo Maze**«, »**Japan spielend in 60 Schritten**«, »**Tokio Foto Guide**« und »**Japan Hanko**«.

Updates gibt es auf meinen **Blog** sowie über **X**, **Instagram** und **Facebook**:

www.japanin.berlin

www.x.com/**fugu_24**

www.instagram.com/**fugu24**

www.facebook.com/**Axel.Schwab.2**

www.facebook.com/**japaninberlin**

★ ★ ★ ★ ★ **Waren Sie mit diesem Buch zufrieden?**
Erzählen Sie Freunden und Bekannten sowie anderen Liebhabern japanischer Küche und Kultur von diesem Buch oder verschenken Sie eines bei nächster Gelegenheit.
Berichten Sie bei Onlinekauf mit einer Bewertung von Ihrer Erfahrung. Bei Kritik und Korrekturen freue ich mich auch über eine Nachricht an **mail@japanin.berlin**